保险销售就这么简单

杨响华 著

中信出版社
北京

图书在版编目（CIP）数据

保险销售就这么简单 / 杨响华著. —北京：中信出版社，2012.1（2023.12 重印）
ISBN 978-7-5086-3163-9

I. 保… II. 杨… III. 保险业务－销售 IV. F840.4

中国版本图书馆 CIP 数据核字（2011）第 253800 号

保险销售就这么简单

BAOXIAN XIAOSHOU JIU ZHEME JIANDAN

著　　者：杨响华
策划推广：中信出版社（China CITIC Press）
出版发行：中信出版集团股份有限公司（北京市朝阳区惠新东街甲 4 号富盛大厦 2 座　邮编 100029）
（CITIC Publishing Group）
承 印 者：三河市中晟雅豪印务有限公司
开　　本：787mm × 1092mm　1/16　　**印　　张：**13　　**字　　数：**112 千字
版　　次：2012 年 1 月第 1 版　　**印　　次：**2023 年 12 月第 33 次印刷
书　　号：ISBN 978-7-5086-3163-9/F · 2531
定　　价：35.00 元

网　　站：http://www.publish.citic.com　　服务热线：010-84849555
投稿邮箱：author@citicpub.com　　服务传真：010-84849000

目录

第三部分　增员

第四部分　沟通技巧制胜

序一

保险的道与术

目前中国保险的营销模式历经20多年的发展，已经从单纯推销产品进入到品牌营销时代。但这并不意味着营销者个人作用的弱化，而恰恰需要进一步加强。因为品牌营销是一种更高层次的营销，这也相应地对营销人员的个人素质提出了更高的要求。

换句话说，营销人员其实也进入了个人品牌化时代。这也就是为什么同样的公司，同样的品牌形象，同样的产品，有些人取得了很大的成功，而很多人最后却被淘汰的原因。杨响华没有任何特殊的人脉关系和背景，完全靠着自己的诚信、专业、操守、智慧和勤奋，做到了中国平安人寿南区事业部晋升最快的业务总监，他的爱人王萍个人业务做到深圳第一（全国前20名），就很生动地说明了这一点。

营销当然是有技巧的，但是如果单凭借所谓的“技巧”，是无法获得成功的。相比技巧，更重要的是态度。

杨响华起步的时候也很艰难，甚至生活都难以为继。后来刚刚有了一点起色，却又被降级，团队近乎解体。当时和他一起降级的几位同事，都因此而离开了这个行业，唯有他坚持下来，最后获得了成功。

我不知道他当初是否曾经想到会有今天的业绩，但他一定对这份事业充满了信心，并且是“百分之百地相信”，所以才能够在困境中坚持。许多人之所以觉得保险很难做，就是自身缺乏对这个行业真正的了解和认识，所以缺乏内心真正的自信，做起来一定会很累，收获也往往会低于期望值。

杨响华是一个做事认真的人，也是一个很有想法的人。他善于总结别人的方法和经验，加上自己的很多好点子，再通过实践去验证。他的成功，其实是个人综合能力和修养使然。这种能力和修养，包括了专业技能和人生态度。杨响华全身心地投入保险，在最困难的时候，他有一颗坚持的心；在成功之后，他保持着平常心；而更多时候，他怀着一颗感恩之心，所以才会有所成就。

改革开放以来，保险业是我国发展最快的行业之一，而且在可以预见的未来一段时期内，仍将保持高速增长。而保险业要发展，归根结底其关键在于人。所以提升从业人员的整体素质，提升保险销售员的道德操守、文化素养、专业技能，是至关重要的。

保险是一个于社会有大益的事业，也是一个能够磨炼人的事业，同时也是一个帮助人的事业。成功后的杨响华经常去各地给同行讲课，传授自己的成功之道。

保险本身就是一个以“道”至上的事业。我在各种场合都多次提到过保险之“道”，所以要销售好保险，还得先把握保险之“道”，也就是要遵守保险业的基本准则和职业道德。“道”正确了，营销之“术”——也就是方法和技巧就好办了。

杨响华的成功再次说明，有了道，再付出自己的努力，保险就会变得简单。他在这本书里，以最真实、最质朴的文字，将许多精彩案例呈现给大家，给我们许多教益和启发，我相信一定会对广大从业者有所帮助。

我更相信，如果有更多的人把保险事业当做自己的人生理想，怀着一种责任感和使命感，怀着一颗奉献与感恩之心来做，中国保险业就一定会得到更好的发展，中国保险业的明天一定会更加美好！

中国保险学会会长
罗忠敏

序二

务实与五实

书山文海，网络汹涌，面对波涛澎湃的信息，我们该如何选择？国际国内，大师频现，层出不穷，我们该怎样决定？响华老师献给各位读者的是他十几年的经验总结和智慧结晶。品读这些文字，行云流水，字里行间都透露着这样的痕迹。先让我说说本书的读后感，那就是：实战，实用，实际，实做，实效。

说“实战”是因为开篇就是大家关注的方法，而这方法表面上看是术，实则为道。不能说每一篇都是操作指南，但对于寿险营销的现实工作有着切实的指导意义。

说“实用”是因为本色，书中谈论的内容大部分来源于作者一线的实践体会和运用，每一种方法好像都在我们身边，但响华兄总结得淋漓尽致。对广大代理人来说，基本上拿起来就能用，背出来就有效，掌握了就可以在市场上赢得立竿见影的效果。

说“实际”是因为本土，一切并非来自教科书，也不是来自海外的经验和教材。

说“实做”是因为一切都经历过市场的检验、客户的检验，还有响华老师的推敲和加工。

正是因为实战、实用、实际和实做因素，自然形成了实效的结果。

再来说伟大的保险事业。中国保险业的成熟周期是50年左右。为什么这样说呢？因为保险是事后体验，无法及时地感知和经历，必须等到中国第一代购买保险的人在自己的后代成为受益人之后，这个行业才能真正地被广大百姓所认识和接纳。所以人寿保险的意义和功用不是在课堂上的讲解就能让客户感知和认可的，时间是最伟大的奇迹，只有时间才能真正改变中国老百姓对保险的理解。这也是其在推销中的困难所在，所以行业的拒绝和挫折成为普遍现象。

但作为身在其中的我们必须明白，保险业在国外已经发展了300多年，长盛不衰，它不以个人的意志为转移，不论你今天喜欢还是不喜欢，接受还是不接受，保险业会以其生机勃勃的面孔面对世人和未来。我们坚信：只要符合投保的条件，人们未来一定会拥有人寿保险，这是社会发展的客观规律，更是社会发展的潮流和趋势，是人类文明的必然选择，因为保险是人们对未来生活方式的选择，代表的是健康、合理、积极、快乐、和谐的生活方式。

十几年来，响华痴迷于寿险营销事业，亲身实践并不断总结和升华，让自己得以成长，并为推动保险行业的前进和发展贡献了自己的力量。

响华是我尊重的精英，更是行业里应该尊重和感谢的人。用什么来回报他的努力呢？捧起此书是对他最大的鼓励和爱护！

中国保险精英圆桌大会副秘书长，《保险之星》总编辑

林海川

序三

拥有金头脑的杨铁人

2010年3月，在苏州平安人寿分享时结识了杨总，对他深入了解之后，我觉得他正是保险业最难得的人才，是拥有一个金头脑而又确实能执行的铁人。我们对中国保险业的认知往往都停留在“人那么多一定很好做”、“大家都没保险肯定好做”、“保险销售员那么少，一定没有竞争”、“大家生活水平高了肯定会买”……检视以上论点后去细想，真是如此吗？我想答案是没有那么简单的，而我之所以称杨总为铁人，正是因为他用他的金头脑开发了一片“人脉”与“钱脉”的蓝海。杨总这本书可说是销售员的一大福音，无论你是新手或是老手，甚至是顶尖高手都一样，“江湖一点诀”，在本书中你可以学到如何再往上超越的成功秘诀。

今年我即将踏入第三十个业务年头，身边看过的销售员不下上万个，我发现，很多销售员每天都在为同样的事定同样的目标，却从来没办法像杨总这样切实达成！为什么会有这种结果呢？拜读完杨总的大作后我想主要的原因有两个：

第一，目标的方向：销售员制定目标时，方向清楚吗？

好的目标像眼镜一样，可以让我们把模糊的东西看清楚，对于每一天该做什么事都了然于心，胸有成竹。杨总跟夫人这么年轻就有这么大的组织与成就，因为杨总有大的梦想才会有大的成就，"下定决心，不怕牺牲"，他的决心、努力、毅力都非同小可，下定决心之后才能把事情做好、做大，目标确立之后，就如航海中决定了方向，接下来只要打通观念，就能走得更快、更远了。

第二，执行力：销售员真的找对方法，去完成目标了吗？

1. SMART的执行力。我发现，杨总不愧是金头脑，他有"SMART"的执行力，他运用了"借别人的市场"让自己借力使力不费力，将"老板"跟"理财专员"背后的庞大市场一网打尽，找到有资源的人，主动出击跟他们结合。要记得，跟强者合作，你就是强者。

2. 提供给客户难以忘怀的服务。杨总认为一定要想办法给客户提供让他难以忘怀的、永远铭记在心的服务，就是别人做不到的服务，这些服务一旦扩散到了影响力中心，业务就更容易开拓了。

在保险业的这片红海中，如果你的目标是成为公司最顶尖的销售人员，你就要先有一片自己的蓝海，就像是我前面说过的，没有目标的愿景是白日梦，没有执行的目标也是白日梦。当你在拟定目标时，要考虑它的可行性。为目标设下一个完成期限，你才会定期检视自己努力的结果：如果仍然没有达到目标，该怎么做才会更好？如果已经达到了目标，该为自己拟定什么样的下一个目标？

杨总的超级金头脑就是在这样一次一次的审视中训练出来的，“三流的点子加一流的执行力”，永远比“一流的点子加三流的执行力”有用，杨总是拥有超级金头脑的超级铁人，是难得的保险奇才，他不只是“想”，而是“一定要”。要成功，必须要有“一定要”的欲望和决心，才会达成目标，持续坚持下去。许多事没有成功，不是由于构想不好，也不是由于没有努力，而是由于努力不够。

时下有个概念叫开拓者，杨总开拓了自己的蓝海，他就是个成功的开拓者。开拓就是除了开辟还需拓进，坚持就是拓进，就是杨总遇到困难绝不放弃的韧劲。在此我特别推荐本书，在书中，杨总无私地透露了他如何从无到有，拥有一片源源不绝、波澜壮阔的人海与钱海。如果你是刚加入保险公司的销售员，苦于不知如何开拓，或是想增员扩大组织，一定要习得此书中杨总的秘诀。如果你是顶尖业务高手，更要看到书中杨总如何创造巅峰。好还可以更好，祝福所有的销售员都能有一片属于自己的宽阔的蓝海。

台湾保险天后

庄秀凤

序四

己立立人，己达达人

《论语 · 雍也篇》子曰："何事于仁，必也圣乎！尧舜其犹病诸！夫仁者，己欲立而立人，己欲达而达人。能近取譬，可谓仁之方也已。"其中"己欲立而立人，己欲达而达人"，充分展现出寿险行销最佳的成就。一位能称得上完美行销的业务员，必须在销售与管理两方面皆出类拔萃。诚如孔子所说的，所谓行仁，就是在自己想要安稳立足时，也帮助别人安稳立足，在自己想要进展通达时，也帮助别人进展通达！能够从自己的情况来设想如何与人相处，就是"行仁"的方法。

杨总从事寿险行销，不仅自己的业务成绩有目共睹，在行销团队的带领上，亦堪称经典。在本书中，杨总将个人多年的销售经验和盘托出，更在伙伴的管理、招募上着墨甚多，亦将个人多年来的独门心法——沟通技巧及拒绝的宝典，不吝公开，其中的心路历程、行销原理、如何经营人脉等所有内容，皆是寿险行销最宝贵的精华。玉婷从事保险行销已迈入20个年头，阅读过很多同侪或前辈的大作，每一本都有其深刻的心路历程，因此，玉婷深深觉得，身为寿险行销的业务伙伴真是幸福，像杨总如此有无私分享精神的人越来越多，尤其看了杨总的大作后发现，举凡在销售上开拓准保户、接近、需求分析、送建议解决方案、成交、要求转介绍、处理反对问题，都有鞭辟入里的见解及实证，让业务销售者有方法可以遵循，可以当做保险销售的辅助参考工具书，而且在团队的管理经营上，不论招募还是管理、激励、奖赏，各方面都有多年的实例，一步一个脚印地告诉读者，如何增员、转介绍增员及目标市场增员，让管理的主管有迹可循，少走一些冤枉路，能够更快上手，派上用场，使管理组织的工作能够事半功倍！

“知识跟经验的分享是给人们最好的礼物。”在此丰收的季节里，玉婷祝福每一位读者，不论您从事的是行销还是管理，都能宏图大展，阖家平安，让您的家庭、事业及生活都因为您的努力、付出、奉献、关怀，而更加真、善、美！

亚洲保险皇后

陈玉婷

前言

想写这本书的冲动，源于2007年7月，那一年我晋升营业部经理。我的晋升当时在深圳引起不小的轰动，被誉为一个奇迹。这并非我的优秀，而恰恰是因为我太普通。

我的经历很复杂：17岁做保安，之后在工厂做过普通工人，也摆过地摊，后来又去读大学，毕业后进过国企，又进过外企。2002年初，不安分的我选择了自己创业。但因为缺少资金，又缺乏人脉，事业举步维艰，摇摇欲坠。2002年8月23日，走投无路的我选择加入平安保险公司深圳分公司，做了一名寿险代理人，当时家人和朋友对此都不看好。当时有人这样形容保险：这是世界上最难的销售工作，因为它要用一张纸去换客户手中的现金。有人这样形容保险从业者：收入比不上民工，地位比不上保姆，前途比不上保安。

事实上，刚踏入保险业的我可以说是很凄惨，做了6个月才转正，转正标准是佣金3 000元，半年平均月收入500元。好在我生性顽强，到了2003年7月，终于折腾成主任：有了一个7个人的团队。但是好景不长，因选人不当，加之经验缺乏，一年后——2004年7月又被打回原形，团队成员剩下3个人，其中包括我们夫妻俩，所以我一直特别感激当时的另一位留守伙伴——刘江鸿经理。当月支公司与我一同降级的主任还有4位，结果他们都因为面子上挂不住而离职改行。而我自认并不比人差，于是潜下心来，寻找出路。

用心就是出路，行动就是法宝。8月后，终于浴火重生——2004年大半年我直接招聘11人，业绩也做到支公司第一！

在2007年7月，我又成功晋升为营业部经理，团队成员83人，较之3年前的3人，翻了近30倍。晋升经理后，我又作了调整，我们夫妻分工协作，我以发展团队为重心，我妻子王萍以开发经营高端客户为重心。几年下来我们进步神速，收获颇丰。

2010年7月我成功育成了3个营业部，顺利晋升业务总监（平安业务线上最高职级），成为平安南区事业部成立以来晋升最快的业务总监。而我的妻子2007～2009年连续3年均为支公司业务冠军，2010年更以规模保费500万获得深圳分公司16 000多名业务员中的第二名，全国平安系统45万业务人员中的前20名！2011年更进一步，目前是深圳分公司业务冠军，正在朝着我们更大的目标迈进。

在保险行业，我们做出了口碑，赢得了尊重，工作得开心，生活有品质。成功一定有办法。我们成绩的取得主要是因我们找到了开拓优质准主顾和招聘优秀准增员的方法。而纵观中国保险业，80%的从业者依然徘徊在收入不高、地位较低、心情烦、工作累的困境中。

最近几年，我经常到全国各地给同行伙伴讲课，讲的多是自己的经验，零零碎碎讲了很多案例，收到了不错的反响。在寿险前辈们的鼓励下，才下决心把它系统地写出来，就是希望我的成长能对大家有所启发，并相信只要大家应用本书中的方法，一定会很有效，因为这些都是被实践证明了的。

本书的完成要感谢太多人：妻子的努力和卓越给了我无限的灵感，团队同事们的无私付出给了我莫大的支持。还要感谢我的推荐人潘永文先生，以及我组织发展的启蒙老师李浩总监。

感谢德高望重的中国保险学会罗忠敏会长，著名的保险专家林海川老师，以及亚洲保险皇后陈玉婷老师和台湾保险天后庄秀凤老师的热情作序，感谢知名的中信出版社给我这样一个平凡人物展示和成长的机会。最后还要特别感谢我的好友，原《保险文化》杂志执行主编、企业培训师李小平先生，没有他的协助，本书的完成几乎难以想象！

第一部分

主顾开拓

保险代理人的工作主要包括两个方面：第一个是主顾开拓，第二个是增员。

关于主顾开拓，通常都会遇到这种情况：这个销售员到底能不能做得好？

很多人的选择标准是他有没有市场，但是在现实中却往往出现另一种情况：慢慢会发现有些人虽然有市场，但他也做不好；而有些没有市场的人后来却慢慢做好了。所以在多年的行销实践中，我总结出：有没有市场并不是最重要的，关键是有没有主顾开拓的能力。如果有开拓的能力，没有市场照样可以做得很好，现实中有很多从陌生市场获得成功的案例。所以对于主顾开拓，关键是有没有市场开拓的能力。再者，一个好的销售员的价值本来就是“无中生有”，套用《道德经》“道生一，一生二，二生三，三生万物”，主顾开拓之“道”就是可以把0变成1，1变成2、变成3，直至变成无穷多！

关于主顾开拓，以下有7个现实的案例，希望对我们有所启发。

第一章
借客户的人脉圈

借客户的人脉圈子，主要有三个问题：其一，人脉是谁？其二，如何经营人脉？其三，如何让客户能够生生不息地衍生下去？

我在多年来作市场开拓的时候，坚信一个原则：如果这个事情你做得很累，却又没有成效，一定是方法出了问题。

在进入保险业之前，我曾经做过石油、药品，以及工业品的物流等业务，这看起来是一个很难的工作。但是后来我总结，这个业务大概也只需要辛苦半年左右，半年以后是很轻松的——因为用半年左右的时间集聚起了人脉。而这个法则同样也适应于开拓保险市场。

这里有一个不可思议的案例，这个客户叫江国清，到现在为止，除了必须买的车险，他一直没有买过其他任何保险，但他却为我衍生出来超过300万的保费。

我进入平安保险之前曾做过工业皮带的销售，客户基本上都在深圳二线关外的福永、沙井一带以及广州地区，离深圳市区比较远。江国清就是我那时认识的一个客户，他开了一个规模不大的工厂，皮带用量很少，只从我那里拿过很少的一点货。

我从事保险销售后，基本上不可能跑那么远去拓展业务，所以深圳的客户资源非常少。几个月对陌生人的拜访也没有什么效果，前几个月的业绩都很不好，而我们每个月都要考核，所以压力非常大。后来我想起了江国清。当时他创业不久，租了一栋两层楼的一间民房做机械设备，自己的办公条件非常差，经济比较紧张，没办法买人寿保险。但经过我的努力，还是从我手里买了一份不得不买的车险。

一天中午我又过去找江国清，正碰上他要外出，我灵光一闪，突然冒出来一个念头：能否跟他去跑跑市场？这样就多认识一些人，能拓宽我的人脉。于是我问他下午去哪里，他说要去徐老板那里。我又进一步向他了解徐老板的经济条件，得知徐老板的工厂有三层楼，看来徐老板条件很不错，应该比较有购买能力。于是我请江国清带我一起去徐老板那里，并且同江国清商量好，要是徐老板问到我，他就很随意地告诉徐老板，我是他的保险业务员，保险做得非常好，人也很实在，正好刚才去他公司，于是一起过来了。我向江国清保证，肯定不会给他添麻烦，到了那里不会跟他们讲保险。江国清是个实在人，就同意了。

下午，我们一起到了徐老板的公司。进去之后，江国清向他介绍说："徐老板，这是我的好朋友杨响华，他原来是做工业皮带的，现在做保险业务，做得非常好，我的车险都是从他那里买的。"徐老板一听就说："不错啊，前段时间很多保险业务员都来找过我，我们也有考虑，我老婆在财务室，杨先生你过去跟她讲讲。"结果出奇的顺利，当周周六的下午，他们一家人就向我买了两万多元保险。而且通过徐老板，很快又衍生出来几个非常优质的客户。

当天我从他们财务室出来时，发现徐老板的办公室又走进一位女士，感觉不像他的员工。当时我就想，进老板办公室的人，要么是老板的朋友，要么是有业务往来。于是我猛然间又生出一个念头：去跟徐老板打个招呼告别，这样就可以很自然地认识她。于是我走进徐老板的办公室，很自然地说："徐总，保险的事情我和老板娘都谈好了，星期六办理，谢谢您了！"接着又"顺便"说："嗯，有客人啊，这位女士怎么称呼？"于是徐老板告诉我，她是浩大公司的老板娘"丰总"。

于是我很自然地递过名片："很高兴认识丰小姐，我是平安保险公司的，这一片工厂的保险业务都是我在负责。你们设备行业具有一定的危险性，关于工厂的保险，到时候我拿点资料给你看看。我可以保证，从我这里买保险一定是费用最便宜、保障设得最全面的。服务方面你更可以放心，这边很多工厂都是我的客户。"

听我这么一说，又看到我是徐老板的"朋友"，这位丰总便很热情地邀请我去她那边谈谈。

过了几天，我去了丰总那里。去了以后得知她当时也在创业期，条件一般，加上当时刚被人骗了50万，经济比较困难。但她也知道，因为工厂做五金产品，工作的危险系数很高，工人不买保险，自己心里不踏实，不过手头资金紧张。在我的沟通下，她同意购买一份员工的团体意外险，保费1 600多元。我还给她垫付了几百块钱，第二个月她就还给我了。

从认识这两个客户到成交，说明做业务一定要学会包装自己，但我们的出发点一定是能帮到我们的客户。我一直有个观点：帮别人就是帮自己，骗别人就是骗自己。而如果我们能在客户困难时帮助一下，客户可能会一辈子记住你。而我做业务，喜欢成片开发。后来，我通过丰总又认识了一位叫李明的客户。

认识丰总后，我问她这一栋楼里面的一些老板她熟不熟，她说楼上香港的老板不是很熟，但是对面的李明特别熟。说实话，当时刚做保险不久，我觉得香港客户有一点压力，而李明是江西人，我想应该去认识一下。当时我有点过分地请丰总带我去认识一下李明，我觉得做保险营销一定要敢开口！丰总叫我自己过去，让我对李明说我是她的朋友。当时我就去找了李明，不久，他就在我这里买了6 000多元的保险。并且通过李明，又衍生了三个客户。

去李明家送保单的时候，正巧碰到他孩子的老师来做家访，于是我又认识了这个老师，他是坂田力培学校的。后来在这个学校，通过这位老师的介绍，又签了三份保单，并且都是跟老师作了沟通后一次性敲定的。

后来我还通过之前说的那位徐老板认识了他的老乡。徐老板是福建莆田人，我同他拉家常，问他在他那个工业区里，福建的老板多不多，他说有很多老乡，每年年底老乡们都在村委聚会吃饭。于是我通过徐老板的介绍认识了他的老乡陈国新，以及陈国新的亲属，包括他妹妹、妹夫都从我这里买了保险。陈国新还介绍他的另外一个老乡陈总向我买保险，接着又衍生出来一个做物流业务的杨老板……

通过江国清，我前前后后签下来的保费已超过300万！而到目前为止，江国清还是没有向我买过车险之外的任何保险。他现在的生意已经做得不错，后来我给他打电话，他主动邀请我有时间聚一聚，我想他买保险已经是水到渠成了！

案例剖析

启示一：小成功靠自己，大成功靠别人

启示二：销售是信心的传递，情绪的转移

启示三：销售是一个互利双赢的游戏

启示四：轻松的销售像蜘蛛一样不断编织客户网络

上面的案例给我们的启发主要有四点：

第一，小成功靠自己，大成功靠别人。

很多人做业务之所以特别累，就因为他不会借力，他总是看着自己的人脉，而没有借助他人的人脉。我们有时候经常对客户说，请您帮我介绍些客户，但效果多数都很一般。通过多年的实践，我得出的结论是：跟着客户去见他的朋友或客户比转介绍要好得多，你去了之后对方会把你当朋友对待，即便当时没有谈到任何保险，也会给他留下印象，一旦他有需求，你肯定是他要考虑的人之一。如果你在现场做得足够好，令他印象深刻，那你就会是他有需求时重点要找的人。

其实经营保险就是经营人脉，大多数销售员都会抱怨自己的人脉不好，那是因为他的眼睛只看到自己，没有看到我们必须要借力。要经营客户的人脉，经营客户的同学关系，经营客户的市场——如果把这一块做得足够好，你的业务还会困难吗？所以，一定要借助客户的人脉圈子来拓展自己的业务。

第二，销售是信心的传递，情绪的转移。

如果把市场这一块做起来了，你的业务还会困难吗？做保险也是做生意，其实所有的营销都是要作包装的，所以一定要把自己好好包装一下。

怎么包装呢？“假想成功”是一个很好的方法：你一定要告诉客户你做得很成功，因为没有人愿意跟失败的人做生意。要向客户分析自己的优势：第一，你可以得到实惠，因为我有一定的权限，车险、团体险价格上面我尽量为客户争取优惠；第二，我是绩优业务员，不是一般的保险销售员。一定要告诉客户你在这个行业长期服务的决心，并一定要兑现自己对客户的承诺。

这么包装以后，客户自然觉得找我买保险更踏实一点。前面的江国清就是一个例子，虽然他自己除了车险没有买其他保险，但是因为和这个客户关系不错，他不买心里会觉得欠我的。然后他愿意帮我，所以向朋友推荐我。营销最核心的本质是信任，因为有朋友或客户的推荐，销售就会变得容易得多。这几年徐老板家族一共向我买了10万多元保险，通过他延伸出来的客户也从我这里买了好几十万保险。所以到现在为止，通过江国清这个众多“贵人”的“源头”，延伸出来的保费总共超过了300万。可见，通过客户的人脉关系来销售，可以让我们事半功倍。

第三，销售是一个互利双赢的游戏。

前面的案例看起来好像很简单，但事实上这些客户为什么要向你买东西？我们一定要想一想别人为什么要跟你交往。中国有句老话：天下熙熙，皆为利来；天下攘攘，皆为利往。人与人之间的交往是有利益在里面的。我认为，人际交往的最高原则是互利的原则，当然这个“利”并不一定是金钱，还包括你能不能为他带来各种利益，能不能为他创造附加值，这些都很重要。所以一定要针对不同的客户，思考他关心的是什么，需要的是什么，再投其所好，帮助他解决问题，就不愁没有业务了。

前面讲的丰总为什么非常信任我？跟她交往时，我就想，一个女老板最关心的问题大概是两大块：第一个就是她的企业；第二个是她的家人，她的孩子。特别是中国的父母，往往关心孩子胜过关心自己。我接触丰总时，她刚被人骗了钱，非常困难，以至于交保费都差钱，但是我了解到她有专利技术，生意应该可以做起来，所以不但帮她垫付了一部分保费，而且积极帮她解决业务上的困难。当时她们有一个供货期3个月的业务，但是购原料的资金很紧张，很着急。于是我帮她找到一个供应商，是我的一个老乡，做变频器的，我跟老乡做工作，告诉他丰总是个非常实在的人，绝对不会赖货款，而且她工厂的用量比较大，如果帮她做起来，一定会得到很好的回报。这位老乡相信我，后来成了丰总一个比较大的供应商。他们双方实际上都在我的帮助下获得了利益。

此外，我还帮丰总做了两件小事，增加了彼此的好感与信任。第一件是当时丰总脸上长了黄褐斑，后来我在《深圳特区报》上看到一个治疗黄褐斑的小偏方，就把那块报纸剪下来送给她。在见面的时候我对她说，“丰总，你的五官长得比较好，可能平时比较操劳，送你一个小礼物，对你可能有帮助。”她很惊奇，看到我的剪报时脸都红了，连忙说我真用心，非常感谢！第二件是她的孩子当时上小学四年级，我就给她孩子买了一套迪士尼的经典英语DVD。所以丰总夫妇非常信任我，这几年从我这里买了很多保险，并且还给我介绍了两个大客户。我们成了可以信赖的朋友，后来一直有来往。

每年春节，我和妻子一定会去拜访一些重要客户。这一点是非常重要的：一定要设法为客户带来有附加值的服务。一般接触客户后，我会利用我的长处为客户提供一些业务培训。为徐老板的业务员作了培训后，徐老板就特别认可我。当然附加值的服务远不只培训，只要你用心去做，客户就会满意。并且还要设法超越客户的期望，这样客户就会对你留下很好的印象。所以，营销人员要懂得用服务来代替销售，你老是想着客户口袋里的钱，是做不了生意的。正像一位销售大师说的，别老盯着客户口袋里的钱，小心客户会拿刀把你的手“砍断”！真正的服务是让客户感动，并且终生难忘。

第四，轻松的销售就是要不断地编织客户网络，就像蜘蛛织网一样。

我做业务的时候，发现大量的客户其实就是几个主要客户衍生出来的。我的老客户对我印象非常好，包括和我一起从事保险销售的家人的客户，也都是通过老客户介绍的。

如何把这个网织好呢？很多销售员走入了一个误区，就是把大量的时间花在开发新客户身上，而忽视了老客户。所以很多客户反映，保险销售员的售前服务可以打100分，售后服务只有50分，连及格都达不到。这也是影响保险业声誉的主要原因，客户认为你千方百计骗他们的钱，钱到手就不管了。这种做法实际上不但影响了行业形象，而且是自己直接受损。售前服务做得很好，但是售后服务差，所以续保率低，而且新单成绩也差。

开发新客户的费用是非常高的。根据一些营销调查机构作的统计，开发一个新客户的成本等于维护6个老客户的成本！所以正确的观念是业务员应该把80%的精力、时间和金钱都花在老客户身上。一个满意的客户会帮你介绍8～9个客户，一个不满意的客户会告诉25～30个客户。有一句话说得好，“金杯银杯不如客户的口碑，金奖银奖不如客户的夸奖”。通过你的服务，老客户满意以后，他再介绍客户，这个客户也很满意，又介绍客户给你。这样就会进入一个良性循环，你的客户就会源源不断，网就会越织越大、越编越结实！

其实人力资源管理也是同样的道理，应该把80%的时间用在辅导一些老销售员身上，让老销售员不断成长。现在很多人热衷于招新人，而放着老销售员不管，最后的结果是老销售员落伍了，而且会跟新人讲许多负面的东西，最后导致团队涣散，这种教训是非常深刻的。

第二章

随时随地转介绍

对于随时随地转介绍，主要讲两个方面：第一，什么是转介绍？第二，如何跟进转介绍？

有一个经典的案例：一个搞卫生的阿姨，帮我衍生出两个VIP客户。

有一次我带儿子去隔壁的小区桂芳园玩，儿子调皮，碰了一下正在小区搞卫生的阿姨的扫把，阿姨说了两句，我听出她的口音好像是湖北的，于是就问她是不是湖北人，她说是，反问我是怎么知道的。我说我太太是湖北荆州的，有空可以去我们那边坐坐。这时候我突然来了灵感，因为我知道很多小区的保洁工都会给业主做钟点工。于是我又问她，平时有没有给业主做钟点工？她说有，15块钱一个小时。这个价格当然很低，但是可以熟悉很多业主，有些业主甚至会把房门钥匙给她，非常相信她。我就顺着她的话问她想不想多挣点钱，我可以教她一个挣钱的方法，很简单。她来了兴趣，连忙问我有什么方法。这时候我就告诉她我是做保险的，并且说我们可以合作：以后你就说你在小区认识一个老乡，他们夫妻保险都做得很好，在这边买了房子，服务很好，口碑也很好。然后可以问他们的孩子有没有买教育基金，听说有一个教育基金很好，很多业主都给孩子买了。如果他们感兴趣，你就把电话告诉我。他买不买都没关系，你还可以告诉他们，他们买了保险，如果对服务不满意，或者要变更地址、变更受益人的，或者要理赔的，我们都可以免费帮忙。

我告诉她，如果成功介绍一个客户就给她300块钱辛苦费。这位大姐听了很高兴，马上接受了。于是，我给了她一些我的名片。

过后没几天，大姐就给我打电话，说有一个人要找我，是一位姓吴的小姐要办退保。机会就这么来了。于是我当时就给吴小姐打电话，这位吴小姐问了一下我的情况，就叫我去把她的保单退了。于是我问她是哪个公司的保险，她说是一家非常大的人寿保险公司，接着抱怨说：你们这些做保险的，说的比唱的还好听，现在连当初签订保单的业务员都找不到啦。你老乡说你的服务很好，你帮我退一下行不行。于是我们约到下午3点钟见。

她住在布吉的宝龙花园，去了以后，她就抱怨我们的行业，说你们保险公司的人怎么怎么样，那个业务员，怎么怎么样。我当然不能说别的保险公司不好，也不能说同行不好。比较艺术的处理方法是在肯定别人的同时把自己抬高一下。于是我叫她冷静一下，把保单拿出来，我看到这是一份康宁保险。于是我对她说：吴小姐，这个保险很好，你真的不要退，退了太可惜了，这个产品听说快要停售了，到时候你想买都买不到。她又说就快要过期了，我说，你先不要着急，其实服务和保险公司没关系，保险公司都是靠销售员服务的，有人服务好，自然有人服务不好。我是平安保险的金牌业务员，你看看我的服务怎样再作决定好吗？她听我这么一说，觉得我这个人很实在，于是问我："不是你们公司的可以找你吗？"我非常肯定地回答可以。

这里有一个诀窍：和别人交往的时候，一定要找到对方的需求点。什么是需求点？就是他们最担心哪一块，最希望哪一块好，这就是需求点。所以一定要学会在很短的时间内分析客户。这位吴小姐是公司的总经理，当时她一个人在办公室，有没有结婚我也不清楚，也不好冒昧地问。于是我就转了一个弯说，吴小姐，我很佩服你，一个女人能够经营这么大的公司很了不起。我冒昧地问一下，你们家里人有没有过来深圳？她说父母亲都过来了。我就顺着她的话说，叔叔阿姨身体都还好吧。她说她妈妈很健康，但是她父亲身体不太好。这就是一个切入点，我从中得到了两个信息：第一，她应该没有结婚，如果结了婚的话，一般是说小孩都在这边，而不只是父母；第二，她父亲身体不好。这就是一个切入点，便于下一步去跟进，并且在跟进的时候能够给她做一些有附加值的事情。

回来以后我就给吴小姐发了一条礼节性的手机短信。过了四五天，我又给她打了一个电话，告诉她说有一个好消息，先引起她的兴趣，然后告诉她说，今天我们公司搞了一个VIP客户论坛，请了著名的健康专家洪昭光教授来讲课，她说不知道这个人。于是我告诉她，这位教授是很出名的健康专家，今年60多岁了，给中央领导讲过课，她父母应该听过。我有五六个VIP客户去听课了，感觉很受益。我也去听过，还在现场买了一本他写的书，叫做《60岁登上健康快车》，想送给她父亲，应该会对老人家的身体有帮助。她没想到我这么用心，这个时候约她见面就是很自然的事情了，她也不好拒绝。见面的时候，我把《60岁登上健康快车》的书送给她，书是16.8元，她要给我钱。我说："吴小姐，深圳1 000多万人口，我们认识也是缘分，你父母亲和我父母亲也是一样的，每个做儿女的都担心父母亲的健康，这个书就送给你，本身也不值什么钱。你要给钱的话就见外了，那我就带走了。"我这样说她觉得很温暖，于是说中午请我吃饭，我答应了，因为吃饭可以在一起聊天，是难得的增进了解的机会。

吃饭的时候，她说，你改变了我对保险业务员的看法，你比女人还用心，我们做儿女的都做不到。接着她又说，之前那份保险还是想退掉，要我介绍平安公司好的产品给她。我建议她说，那份保险还是留着，也不要因为送书这个事情就跟我买保险。她说不是因为这个事情，是看到那张保单就很生气，钱没有多少，但弄得自己心情不好。又说她虽然跟我接触不多，但是觉得我非常值得交往，所以叫我给她推荐一份保险。通过这样的接触，她反而主动起来了，而这个过程首先是对人的认可。后来吴小姐从我这里买了十几张保单，包括平安保险的很多种保险产品，在我这里年交保费超过了十多万元。

后来我按约定给了钟点工大姐300块钱。之后她又给我介绍了一个台湾人的太太，这次我给了大姐500块钱。两个客户她拿到800块钱，很开心。后来我搬家离开那个小区，偶尔碰到她，大姐依然很开心，说看到我就像看到亲人一样。

案例剖析：

启示一：转介绍是一种信任背书

启示二：通过服务和礼品行销维护转介绍

转介绍是一种信任背书

什么是信任背书？信任背书和支票一样的，支票的后面盖一个章就可以拿到银行去兑钱。转介绍的好处是什么？是可以快速建立信任感。

现在谈恋爱失败的很多，因为互相不了解，特别是所谓的网恋，很多人被骗，大家都害怕了，如果对这个人不了解，当然首先得有防备之心。所以谈恋爱的过程很长，甚至8年10年还不能确定关系。而以前通过媒妁之言，经常是见过面就成功了，因为事前媒婆已经去双方家里摸过底了，把双方的情况都已调查清楚，差不多门当户对，双方先介绍一下，最后一撮合就成功了。媒婆就是非常成功的一个转介绍。这么说当然不是要肯定媒妁婚姻，但在行销中，纯粹的“自由恋爱”确实是成本大而成功概率却很小。

清洁工的这个案例告诉我们，不要小看一些不起眼的人，随时随地都可以做转介绍。转介绍可以大大降低销售的难度，因为对销售来说最难建立的就是信任关系。很多人说客户购买的80%是对这个销售员的信任。当你通过一个中间人转介绍，效果可能比自己找上门去好上几十倍。

通过服务和礼品行销来维护转介绍

很多人都觉得转介绍应该通过很好的人际关系来进行。其实不尽然，转介绍有两种，第一种是普通的转介绍，比如说可以请小区的保安来进行转介绍，保安认识很多人，所以任何一个人其实都可以为你转介绍。第二种是优质的转介绍，就是我们的客户、员工、朋友、同学，他们本身是比较了解、彼此信任的熟人，所以转介绍的质量会更高一些。

但是，我们一定要清楚，有些时候一些所谓好的转介绍并不一定特别有效，因为这些人对你做业务的情况比较清楚，所以既可能有正面效果，也可能产生负面效应。特别是开始做业务的时候，你还没有什么业绩，最好不要轻易地动用熟人关系。而通过半生不熟的人进行转介绍，反而可以让他来对你进行包装。比如认识一个清洁工，她对你的情况不太了解，就可以告诉她自己做得很好，她一般都会相信。但是如果是清楚你底细的熟人，就不会这样了。

转介绍过来的客户，一定要以一个服务者的心态对待，要善待客户的抱怨和投诉。不能像现在很多人那样眼睛老是盯着销售的目标，但没有实实在在的服务，或者服务不是发自内心的。前面讲的吴小姐，是典型的一个对服务不满，并且要求退保的投诉型客户，通过正确与之相处，结果转变成了我的一个优质客户。

有一个机构作了一个调查，结果证明一个投诉的客户是公司的宝贵财产。为什么？因为在100个不满意的人中，有90个人是不会投诉的，而是直接去别人那里购买。如果收到10个人投诉，可能代表了100个人要投诉，所以一定要善待投诉者。而且经过统计，如果这个客户投诉得到了满意处理，他有95%的可能再次购买你的产品——这一点非常重要，一个客户投诉对销售员来说是一个服务的机会，你消解了客户的抱怨，他会再一次购买，而且最后会成为你一个忠诚的转介绍者。

用适当的礼品回馈转介绍客户。对于吴小姐这个客户，我曾送了一本书给她的父母亲，带来了她的交情和信任。过了两年，她结婚了，要生孩子了。当时我想送什么样的礼物给她好呢？满月酒是肯定要去的。她孩子八九个月的时候，我送了一件礼物给她孩子，就是一个简单的储钱罐，价值不过几块钱。但是我精心地进行了一下包装。我打电话告诉她，有个好东西送给她，对她孩子的教育非常有帮助。这时候她当然会见我。所以约客户见面有时候挺简单的，就看你在什么时间，用什么方法。见面后，我告诉吴小姐最近我的业务越做越好，上个星期公司送我去海南旅游，那个导游介绍一个海南特产给我们，就是椰子壳做的储钱罐，很适合送给小朋友。因为现在孩子的教育除了智商、情商以外，还有一个财商教育，就是理财方面的教育。在国外，小孩的理财教育从生下来就开始了，会走路的时候就开始认识钱，并且养成储钱的习惯。于是我就买了5个椰子壳储钱罐，准备送给深圳最好的5个朋友，她是其中一个。吴小姐听了非常高兴。

营销的本质是经营人性，销售员送礼品，关键也在于用心，使客户不在乎你这个礼品值多少钱，而看你是不是很用心。客户觉得，自己还没有想到你就想到了，客户会非常感动。所以说，最好的客户服务是让客户感动。比如你送一瓶辣椒酱，客户有什么感觉？他自己不会买吗？

但是如果是你去桂林旅游，带回的桂林三宝，他的感觉就会很好。

要注意的是，礼品一定要控制成本。很多销售员没挣到钱，即使做了不少业务，但没有余钱，就是因为送了很多很贵重的礼品，把钱“返还”给客户了。比如很多人送好烟好酒，客户感觉到你好像挣了很多钱，反而会觉得接受你的礼品心安理得。所以我送东西尽量送文化礼品，因为文化礼品的价值是难以估量的，有时候并不需要很多成本，但往往有很多含义，可以由你去解释送它的理由，来塑造它的价值。

第三章

跟别人跑市场

跟别人跑市场不要急于让客户购买保险，关键是和你所跟的人一起对你进行推荐，并且善于创造你的价值。

下面这个案例中，一个小名片店的老板衍生了十几个客户。

我的第一个客户老黄，是从拜访陌生人的时候认识的。当时他4岁的儿子由孩子的奶奶带着，结果被人拐卖了。因为到处找孩子，花了不少钱，同时他又担心女儿的安全，所以买了一份年交700多元的保险。那时我刚入行，还没有什么客户，也没有什么地方去，就经常去老黄的店里坐坐。因为老黄是做名片的，跟他聊天时发现他的电脑旁边放了很多名片。有一天我突然有了一个想法，就问老黄说我可不可以跟他一起去送名片，老黄同意了。就这样，通过跟他送名片，我认识了新雅轩酒店的胡经理，还有三联一个水果批发市场的李老板，草埔农产品进出口市场的伍小姐等，这样陆续签了十几个客户。

这个案例很简单，就是跟别人跑市场，别人无形中给你做转介绍。

做名片的人很多，这些客户能够让他做名片，是对他比较信任，至少觉得他是实在人。而他带过来的朋友，应该也是比较实在的，因为物以类聚，人以群分。不过有一个关键点：你跟别人去跑业务，别人怎么介绍你？这是非常重要的。

案例剖析

启示一：要借别人的市场

启示二：善于创造你的价值

前面讲过，小成功靠自己，大成功靠别人。如果前面这位老板不是印名片的，是做其他业务的，可不可以跟他跑？也可以，比如说做水果生意、做月饼生意的，可能逢年过节的时候都会给一些大的企业去送货，送货的时候跟他送一下，同时也帮了别人的忙。但是有个前提条件：这个老板要认可你，觉得你不错，不会觉得你会搞得他不开心，所以有三个关键点一定要注意：

关键点一，目的性不要太强

绝对不要主动开口要人家买保险，也不要见面马上就掏名片给别人讲保险，这会让对方产生反感，因为你的目的性太强。切记：客户在接受你这个人之前，是不会接受你推荐的产品的。

关键点二，精心准备你的每一次陪访

老黄去送名片时，我告诉他说：“我们去了以后，你就说我是你的好朋友杨响华，今天也来这边拜访客户，刚刚碰到了，就一起上来认识一下。”这样讲比较自然，因为刚才在楼下碰到，所以就来坐一下。进一步讲，为什么介绍他跟你认识呢？因为他是平安保险的销售员，相当优秀，人也非常好。这就把我简单又自然地介绍了。我想，他送的一般都是一些企业老板的名片，所以在和老板接触的时候，要注意怎么样让客户不反感。企业老板的需求，有些是显性的，有些是隐性的。显性的需求，比如说车子，买了车当然会买车险，因为这是必须的；接下来，员工保险基本上老板也都会考虑；最后，财产保险他可能也会考虑，因为如果有损失那是他自己的。所以车险、产险、员工险都是属于比较显性的需求。而他家人的保险、自己的养老保险等，这些都属于隐性需求，因为暂时买不买没关系。

不过如果根本不提自己是做保险的，下次就不好找理由接触了。因此最好的做法就是由带我去的朋友隆重推荐一下，请他告诉对方我不是一般的保险业务员，非常优秀，会站在客户的立场推荐产品。而我会恰当表现一下自己，告诉对方我会把客户的事当自己的事对待。我总是在不损害公司利益的前提下尽全力为客户争取利益，我绝不会以自己佣金的高低来推荐产品。我们只要照顾好了客户的利益，客户也一定会照顾好我们的利益。

关键点三，善于创造你的价值

和客户交往的过程中，为什么这些人能够成为你的客户？比如今天你介绍一个人给我认识，这个人为什么要跟我交往？你要主动有所表现。业务跟进有四个点：第一是经常出现，第二是主动表现，第三是留下奉献，第四是最后发现。

经常出现，就是以短信、上门服务的方式出现，在合适的时间、地点出现，一定要以客户接受或喜欢的方式出现。目前是互联网时代，利用电子邮件等电子化方式服务一定要足够重视，因为很多客户平时都非常忙，我们不能让服务变成客户的负担。

关于主动表现，比如说经介绍认识了李先生，我会这样讲："李先生，深圳1 000多万人口，我们认识了也是老天给的缘分。我这个人没有什么特别的本事，就是培训还做得不错，以后你有员工或者有朋友需要培训，我可以免费来做，保证有效果。"如果你不会培训，也没关系，每个人都有自己的长处，你要学会包装自己的长处。现代营销是酒好也怕巷子深，所以一定要发挥优势营销学的长板理论，经营你的长处。在我看来，理财顾问最好的定位是什么？就是生活顾问，对别人的生活有一些帮助。比如说他父母亲身体不好，小孩教育方面比较吃紧，你都可以努力提供帮助。一定要学会整合资源，最好是利用你的A客户来帮助你的B客户，这也是屡试不爽的招数。另外还有一点，就是我一定会站在客户的立场上，花最少的钱买到最好的东西。我一般都会讲，我们接触久了就知道，现在说再多也没有用。接下来我就会打电话跟进，后面会专门讲到客户跟进。

每个从事营销的人一定要给自己打造一个“绝活”，然后利用你的绝活服务客户，留下奉献，让客户记住你，因为我们卖的产品永远都是副产品，而我们自己才是正产品，故世界汽车推销之神乔·吉拉德曾说：卖产品不如卖自己。绝活可以是打高尔夫球，可以是形象设计，也可以是会做菜，总之要有利于客户，这样客户就会喜欢你，信任你，最后依赖你。当然，绝活最好由你的兴趣发展而来，这样销售的过程就是快乐之旅。我一直认为成为销售高手的前提是：销售必须是一个轻松、简单、快速、安全的过程。我们团队有个黄主任，这方面做得很好，他每年帮客户送挂历，帮客户找礼品，设计服务流程，专门帮客户服务客户，这也是一个“绝活”，就这样他认识了很多客户，业绩自然就不用愁了。

第四章
参加聚会

参加聚会的要点是：第一，要拓宽参加聚会的思路；第二，开发聚会的市场。

通过前面的案例发现，我们要学会借力借势。借力使力不费力，借别人的力跟着一起上。所以做业务的悟性很重要。而“悟”就是要用心，用心才会有悟性。我有一个同学叫胡南，做网络的。我刚开始做保险那一两年，他的情况也很糟糕，根本没有多余的钱，只在我这里买了一个300多块钱的意外险。有一天下午我没什么事，去胡南办公室聊天。过了一会儿，他说晚上有一个朋友结婚，要去喝喜酒。我突然来了灵感，要求跟他一起去，我说我也会给他的朋友送一个红包。他开始觉得不合适，后来看我这么说，也不好拒绝。我想，这个红包很值，我至少可以认识我那一桌的人。所以搞自己的聚会不如参加别人的聚会。

聚会的时候，如何认识里面的人也很讲究技巧。有些销售员参加聚会急于求成，别人以后再也不敢带他去参加聚会了。有一次我带一个新人去参加一个商会活动，当时忘记向新人交代，结果他过去以后到处派名片，别人觉得他很滑稽，弄得我也很难堪。企图心太明显，会让别人对你的第一印象非常差，而第一印象不好，就会对你避之唯恐不及，还会和你交往吗？而我参加那个婚礼，只是认识了我自己坐的那一桌的人，一共8个人，后来却有4个都成了我的客户！

我去了以后，首先在想，这个朋友去聚会，他坐的那一桌，一定是跟他比较熟悉的人，一定都能讲上话，所以我就跟他坐在一起。坐下当然也不能不掏名片，这个度的把握很重要，一般聚会吃到大概七成的时候开始发名片，当然是之前就聊得很开心的情况下。先问问别人是做什么的，敬敬酒，这个时候再派名片就非常自然。派名片的同时要注意一点，并不是每个人都会带名片去的，所以我一般是这样的，带了名片以后，会拿出纸和笔，麻烦对方给我留个电话，这样就有了这一桌人的电话。这个细节很重要。我怎么介绍自己呢？我说我是老胡的朋友，今天和老胡在一起，老胡说刚巧有个朋友要结婚，所以我们一起过来了，因为今年算命的人跟我讲，多参加一些婚礼对我的财运有帮助，今天就借这个朋友的喜事，一起发财。我讲这些，就是给别人一个来的理由，并且这个理由合情合理。然后我说我是平安保险公司的，我也不针对谁讲；我说今天认识是缘分，你们以后若需要向我买保险，保证会设计一款最适合你的产品，而且服务一定是最好的，你们尽管放心，老胡知道我的性格。之后我也不多说什么，就发了名片。

关键是拿到他们的名片以后，接下来的跟进。跟进就是前面讲的思路，以服务者的身份出现。现代营销学之父科特勒讲服务就是集成，就是整合资源，一定要为别人创造附加值，互利互惠，尽量想办法帮到客户。比如说和老李接触，一定要想自己哪一点可以帮到他，他做生意，缺客户，自己有没有这方面的客户？如果他是老师，就看看能不能帮他介绍两个学生，一定想办法为他创造一些价值，一定要留下贡献给他，这是我和别人交往的原则。所以不要强势地推销什么东西，这样别人看到你都怕，下次就不可能再带你去了，所以这个度的把握很重要。

后来胡南也带我参加他们的一些行业聚会。为什么？因为我给他介绍了三四个做互联网的朋友，介绍客户给他。我会帮他拉业务，这样胡南就愿意不断带我去参加他的聚会，而我去了以后，也一定要帮他挣面子。

案例剖析

启示一：打开思路，找准机会

启示二：为客户创造价值并用心跟进

启示三：要与有资源者合作

第一，一定要打开思路。

很多人说我没有人脉，没办法参加聚会怎么办？且慢，请你仔细想想，你妻子有没有聚会？你的同学有没有聚会？你的朋友有没有聚会？你可以跟他们一起去。不要刻意去问：你最近有没有聚会？我想跟你去一下。可以这样问：老李，这个周末忙不忙？有没有什么安排？他可能说这个星期六比较麻烦，他朋友的儿子满月。这就是机会了，你可以借机提出跟他一起去，但是一定要给他承诺，绝对不会给他添麻烦，这个前提其实也是做人的问题，要让他先放心，才能认可你。做好了第一次，以后还会有机会。

第二,一定要找准机会。

在跟进的时候，度的把握非常重要。一般来说，前面二三十分钟我都不发名片的，甚至我看那个场合如果不适合发名片的话，就坚决不发，只是把我的电话写给别人。因为如果你的企图心太强，会给别人留下不好的印象。我太太有时候去一些高端的客户聚会，一般第一次都不派名片，一派名片就怕别人觉得这个人来就是推销保险的。其实并非人们不需要保险，只是习惯性地拒绝是人的天性，更何况保险业务员里一些同人“死缠烂打”的做法让人心有余悸。和别人聊天的时候，首先要做一个好的听众，其次要展现你可以给别人带来的好处。比如在餐桌上认识李先生，是做互联网的，你可以告诉他，自己有一些朋友要做网站，能不能找他？他肯定说可以了。你就说到时候有机会就给他介绍一下。这样即使你没要他的电话号码，他也会主动要你的电话号码，因为他认为你对他有价值。

第三，要为客户创造价值。

通过为客户创造价值，拿别人的名片就很容易。我们在和任何人交往的时候都是这样。假设对方是做海运的，你可以问一下，他们的海运业务主要是跑亚洲市场还是欧美市场？如果他说自己的优势主要是欧洲市场，而你可能有这方面的朋友，那个人的货也是走欧洲的，你可以告诉他到时候介绍他们认识一下。他一定会说好。如果你没有客户介绍也没关系，因为货运也不是马上就可以找到客户的，其实他做生意也明白这一点，但是每一个机会生意人都会把握，他觉得你有这个机会就会很感兴趣，会主动结识你。再举一个例子，假定你碰到一个人，他说是做老师的，你可以趁机问他，平时做不做家教。即使他现在没做家教，也基本不会放弃可能的机会，所以他一定不会拒绝你。这时候可以说自己同学的小孩如果需要家教，可不可以找他，他自然会应承，并把他的手机号码给你，甚至连办公电话和家里电话也一起给你。所以一句话，拿到电话号码的秘诀就是为别人创造价值。当然，前提是你一定要兑现承诺。若你没有这些资源，你可以整合你同事或者其他客户、朋友的资源。作为销售代表，一定要有整合资源的能力。

第四，要用心去跟进。

这种客户，因为有朋友的关系在里面，跟进的时候要非常用心。用多少心，收获就有多大。一定要把这种思路拓宽。思路拓宽方法越多，成绩就会越来越好。

第五，与有资源者合作。

与有资源者合作涉及三个问题：第一，跟谁合作；第二，怎么合作；第三，要有舍有得。

有一个理财经理介绍的客户，签单保费超过了50万的案例。当时是平安银行要来我们寿险渠道推他们的业务。平安银行马经理和刘经理二人来我们部门宣导平安的政策。宣导完了以后，我想这些人应该有很多客户资源，他们银行做不了的可以介绍给我。于是就跟他们两个人聊了起来。我和马经理讲合作的事宜，他说他没有什么资源，但是他老婆可能有资源，因为他老婆在另一家银行做理财经理，接触很多大客户。于是我对他说，你们银行的理财产品可能大多数都是收益型的，三年五年到时候拿回一些钱。但是有一个问题，那就是做不了终身保障型的，所以我希望跟他们夫妻见个面。他欣然同意。于是我们夫妻俩就和他们夫妻俩见面，我们跟他们讲，到时候有客户需要买保险的可以介绍给我们。其实有些资源是互补性的，银行有的产品我们可能没有，我们有的产品银行可能没有，而客户的需求是全方位的，故可以换资源、共开发。

我们要借或换别人的优质资源，不要眼光只盯着某一个客户，而要看到这个客户背后有更大的市场，优质的客户资源潜在的购买力是非常大的。

我太太做保险做得非常努力，也很用心，最初几年每天从早到晚都忙不过来，非常辛苦，但每年才做30万～40万保费。原因就是客户层次都偏低，所以保费上不了档次。后来我们想到要改变客户层次。怎么改变？眼前就是个机会，可以通过银行理财经理的介绍来认识高端客户。

与这位银行理财经理合作后，前半年他只陆陆续续介绍了两三个客户给我们，其中有一个客户，买了一个6 000多的万能险，这个客户是很成功的企业家。我太太去取这张单时，发现银行的理财经理都已经把单搞好了，只要去签字就行了。我太太通过这个单给客户服务时，发现这个客户是个非常优质的客户，他在其他保险公司一年交保费超过1 000万，非常有实力，个人资产超过1亿。后来这个客户在2010年，跟我太太签了一张年交50万的保单，眼睛都没眨一下。他对我太太的服务也很认可。我太太说：签这个50万的单感觉比签5 000元的单要容易得多。

后来这个客户的朋友和家人又在我太太这里买了十几万的单，我想更大的单还在后面。这就是通过一个银行理财经理介绍出来的大单，这样的单普通业务员要做5年。

这个案例给我的启发是，一定要寻找有资源的人合作。有一个观点说得很好，年薪十万如爬山，年薪百万如下海，年薪千万一张纸。什么意思？就是说你要成为一个年薪十万的人，就像爬山那么难，你只有成为这个行业打工者里面的佼佼者，才能拿到年薪十万。年薪百万如下海，就是要做生意或者是成为企业的高级职业经理人，要冒很大的风险，并且要成为千里挑一的人才。而年薪千万很简单，就像一张纸，什么意思？就是要跟强者合作，跟优秀的人、优秀的公司合作。如果你成为沃尔玛的供应商，那不就成千万富翁了吗？一纸合同就是千万富翁。你和李嘉诚合作，不就发财了吗？和强者合作，你就是强者。

哪里找这些有资源的人？当然首先是银行的理财经理。他们对客户的资产一目了然，你在这里存多少钱，取走多少钱，资产的变动都非常清楚。银行理财经理是我们最宝贵的资源，银行有很多东西做不了，我们就通过他来满足银行满足不了的客户需求的那一部分。有一个使业绩倍增的黄金之问，就是问客户还有哪些需求没有被满足。若你能满足他，就是很大的市场。银行理财经理的合作告诉我们，银行理财经理也是想挣钱的。他们本身的工资不高，但是他们大多很有钱，原因就是用他的资源和别人合作了。再比如律师、医生，还有酒吧的营销经理等，他们手上有大量的资源。他们暂时做不了保险，这些资源都可以为你所用。当然这种合作有些可能要支付辛苦费，至于付多少，由自己把握。有些合作者要求把佣金100%都给他，我觉得只要你能得到一个优质的客户资源，也是值得的。因为就算第一年少赚点，但你获得了资源，这种客户签单往往是很容易的，谈好了过去就签。

所以作为一个销售员，有没有市场不重要，关键是你有没有发现市场，有没有开发市场的能力。找到有资源的人，主动跟他合作，无疑是很好的方法。你要计算客户的终身价值，而不是第一次购买的价值。很多人对老客户服务不好，心里想着我也就是赚了这么一点钱，这种心态很有害。就保险来说，客户首先是终身有价值。首先，他可以带来续佣，后面的续佣虽然不多，但是以后每年都有。其次，客户的周边有市场，就是客户延伸出来的终身价值，一个客户能给你带来多少价值是无法估算的，也许是一栋别墅，也许是未来的100万、1 000万，所以说一定要看到背后的市场。终身价值开发的前提是客户满意，其实客户并不在乎我们赚多少佣金，而是在乎我们的服务品质，因为只有赚到钱的业务员才能做得长久，才能为客户提供更好的服务。

销售有一个定义，叫做1 ∶ 250定律，是推销之神乔 · 吉拉德发现的。他平均每天卖6部车，至今没人打破他的纪录。吉拉德是位非常善于总结的人，有一次，他参加一个朋友的葬礼，发现有250个人去参加。他觉得很奇怪，为什么是250个人？后来参加一些朋友的婚礼、孩子满月酒，发现去的都是250人左右，于是他认为一个人背后的市场大概是250个人。所以说一个客户的终身价值是多少，关键看你的开发能力，如果把这个价值服务好了，他会影响8～10个人，而他身边的人又会影响8～10个人。

正是基于这个判断，现在我和我太太作了分工，我的时间和精力主要放在团队管理和培训上，我太太的精力主要放在业务上，她是一个很有业务天分的人，我想要协助她把保险销售做到全国第一名。所以一定要服务好老客户，通过他们的满意，为你作品牌传播，然后就会有源源不断的生意可做。

第五章

经营目标市场

什么是目标市场？目标市场的价值有多大？如何经营目标市场？

我住在中兆花园的时候，这个小区平安保险的销售员就有20多个，而我跟太太在社区里有150多位客户，我们就是在这个社区起家的。我们是怎么去做这个市场的呢？

打开社区市场首先要和管理处搞好关系。当时管理处的人，包括保安，他们的收入不太高，但是如果你不尊重他们，他们可能就会给你找点小麻烦。我们每个月都给管理处主任送报纸，过年过节都会给他送些礼物，所以一直和管理处保持着比较好的关系。像保安、前台这些“小人物”，也一定要重视他们的感受。每次我去送报纸，他们想看，我也送给他们，有时也会给他们送个小礼物。所以他们都很喜欢我们，尊重我们。因为得到管理处的支持，当时我们在小区摆摊搞活动，一个月只交300块钱管理费，而现在摆只要200块钱。

具体来说，在小区做市场有两个策略。一个是在小区里贴广告，一个是作咨询、搞活动。

在小区里贴招聘和业务广告，就是要让别人都知道我们夫妻是做保险的。这样做有三个目的：一是打开知名度，二是塑造美誉度，三是体现对客户的忠诚度，因为广告就等于是一种承诺。这三点也是在塑造我们的个人品牌。有很多保险销售员不敢跟周围的人表明身份，别人不知道你是做保险的，你怎么卖保险？他们好像觉得做保险很没面子，不敢在自己的社区推广，而跑去别人的社区。实际上黄金就在脚下，社区是一个很好的目标。我的第一个经理人就是在小区招来的。

但贴广告是有学问的，并不是随意贴，也不能想贴就贴。当时小区内能够让我贴的地方我都贴上，比如邮电代办所、干洗店、药店、卖烟的地方，都贴了广告。而且我没有给钱，因为收费贴广告的地方，广告效果反而不太好，那里广告很多，你贴一个，我贴一个，被淹没了，没人留意。

我会和我贴广告的地方合作，由于我本身是其顾客，就会很自然地和他们聊天。我说我们可以合作做一点生意，帮你挣点房租回来。他们说不懂保险，我就告诉他们没关系，只要在这里写一个车险代办，还有招聘，每介绍一个人我给他们500块钱，如果产生一笔业务，保费500以内的给500块，5 000以上的给800块。而且我会先同他们说清楚，他们介绍的客户买没买保险，买了多少，一定会告诉他们，免得他们有顾虑。有了这种利益诱惑，他们自然会接受。后来在这块业务上收获最大的是邮政所，没多久就招了一个人，就是邮政所的刘经理。刘经理在别人来办邮政业务的时候会顺便提一下，比如对有车的人，刘经理就告诉对方以后买车险可以找自己的朋友，他做保险做得很好，如果需要什么服务，或者有人想找工作，都可以找他。刘经理按照我教的办法，那年春节签了三张单。

另外小区里面有一个好处，就是这些工作人员对许多业主的情况都比较了解，比如碰到在家带小孩的家庭主妇，就动员她可以去做保险，感兴趣的就给登记一下，然后介绍给我，我就会打电话跟进。如果客户在我这里买了保险，客户自然会告诉刘经理，他的朋友给他办车险了，刘经理就会得到回报，自然也会继续做下去。

对于在小区摆咨询，我一般分两个步骤。首先是在小区里摆台咨询，一般要摆到晚上11点。久而久之，让住户都知道我们在这里。而通过大规模的社区活动来造势，更能吸引他们主动参与，效果更好。现在很多人摆台为什么没有效果呢？因为没有掌握好时间。深圳和内地不一样，下班比较晚，回家吃完饭，出来散步活动已经晚上八九点了，可是很多人摆到这个时候恰恰收摊了。而晚上9点钟以后人比较少，真正有购买意向的人会选择在这个时候来咨询。

再一个就是在社区搞活动，造人气，让业主都知道你。社区活动怎么搞？主要是针对小孩子的游戏，比如派送气球，跳绳比赛，两人三足走，还有买一些小公仔、玩具汽车让孩子去套圈圈等，吸引小孩子来参与。参加的要先填一个报名表，再兑奖。这个报名券可以抽奖，抽了大奖就直接送到家里去。这样就收集到许多有效的客户名单。当时一般一天可以收到200多个名单。在搞活动的现场基本上不会有人来问保险，因为人特别多，主要是提升人气，获得名单，后期再去跟进。这个活动花的钱不多，一般费用不超过1 000块钱。后来我们团队在康桥花园、沃尔玛商场等处搞过。这些活动让我们当时做社区做出了品牌，很多人都知道我们夫妻在社区做保险，而且服务很好。我们团队很多同事都是从社区开拓出来的，我的三个部经理都通过社区积累了很多优质客户，走向了成功。

在社区里进行营销，一定要以点连线，以线连面。因为社区里口碑非常重要，大家都是邻居，所以服务一定要好。反过来，社区也容易形成影响力，一定要让每一个客户满意，让客户帮你说是最好的。所以我们夫妻在社区服务的时候非常用心，比如端午节，会买很多粽子，每户熟悉的业主都送几个。而我太太则给每个人送服务报，有时候一天要送五六十份。所以我们在中兆花园的名气越来越大。

还有一个好招数，就是利用现代网络技术，在社区里建QQ客户群。这样可以用“群主”或公益的身份为大家穿针引线，互相提供一些帮助，比如说我可以提供保险的服务，再组织一些公共活动。我在桂芳园的时候就组织了桂芳园的一个篮球比赛。在中兆花园时，11月9日消防日那天，我们以公司的名义作了一个社区消防宣传，效果非常好。所以要留意六一、中秋、元旦、春节等各个节日，配合管理处作一些服务。但千万要把握分寸，不要给管理处制造麻烦。如果被人投诉到管理处，以后就很难做了。

下面我们再看看目标市场里最常见的三同——同学、同乡、同好市场。

深圳绝大多数人口都是移民，所以同学市场相对内地比较小。但校友会是一个很好的平台，因为大家是校友，沟通起来会很亲切。通过同学会、校友会，整合校友资源，会有很大收获。

我现在是我们大学深圳校友会的副会长。因为喜欢作培训，在校友会中有一定知名度，很多校友给我介绍一些培训。2010年我还为校友会捐了25 000元钱。我们团队中有一位席国璋主任，我们也是校友。席主任做事非常用心，并且很专业，校友们都纷纷向他买保险，两个月的佣金就超过了8万元。我们营业区还有一个蔡主任，她的团队和个人业务都发展得很好。她入行时也没有市场，于是她去深圳大学读夜大，她是班长。她还组织了同学会，通过为同学会服务，赢得了同学们的肯定和尊重，业绩自然就不用愁了。

我是我们深圳同乡会的副会长。和同学会一样，很多人通过同乡会签了很多单。我们部门的朱小花同乡市场做得非常好，所以业绩很不错。会做这种目标市场的人业绩都不错。深圳宝安有一个经理，是深圳衡阳商会的秘书长，这两年他个人业绩每年在80万以上。在商会、同乡会、校友会这些组织中，做秘书长当然是最好的，因为秘书长负责具体工作，要和所有的人联系，接触他们是最多的，对会员的情况也最了解。其实这里面还要细分，比如小学同学、初中同学、高中同学、大学同学，特点都有所不同。所以做保险业务要多参加这些组织，甚至你太太的同学会、校友会也可以参加。把思路打开，局面就会打开。

对于同好市场，关键是要做好服务，你给客户想要的，客户就给你想要的。我们部门有一位吕哥，2010年才进入公司，刚开始做业务比较迷茫。我感觉他还是没有放开，吕哥喜欢打羽毛球，我就告诉他可以在球友里开发客户，他感到不好意思开口，我说你要以一个服务者的身份出现，不要说我要签多少单，首先你要赢得这个群体对你的尊重和信任，这是最重要的。不用跟每个人讲保险，当别人知道你做保险后，如果他需要，自然会找你买保险。关键是你要把服务做好。吕哥悟性很高，一鼓作气成了四个群的群主，每个星期组织每个群打一场比赛，每个星期打四次球，然后又组织看世界杯等。很快他每个月的平均佣金就达到8 000多，在部门新人里排第一。后来他告诉我，他发现做保险是他有生以来做得最轻松、最开心、最愉快的事情，因为他本来就喜欢打球、喜欢看球，每天和那些同好一起去聊聊天、打打球，又锻炼身体，同时又赚到钱，何乐而不为？

案例剖析

启示一：目标市场需要量大、集中，并且有购买力

启示二：个人品牌就是人品加产品

第一，目标市场的特征——量大、集中，并且有购买力。

保险行业有一句话说：第一年做得好是因为缘故好；第二年做得好是因为服务好；第三年还做得好，是因为你有目标市场。目前我们部门，团队里做得好的，一年收入超过四五十万的人，实际上都是有目标市场的。举例而言，刘锡群的目标市场是潮州那些卖菜的、卖肉的，有一个肉菜市场80%的商家都是他的客户。席国璋主任就是针对同学市场，校友会的车险几乎80%都是他做的，光车险一个月都能挣1万块钱以上，

而且和同学在一起很开心。朱晓花的月佣金也是1万多，她的业务主要是经营她的江西老乡市场。

所以目标市场的第一个特征就是量大。如果量很小，就形成不了一个市场。第二个特征是集中。目标市场都是相对比较集中的，有比较明显的同质性。第三个特征是有购买力。这个目标市场一定是具备一定购买力的，如果自己生活都困难，当然不是我们的目标，自然就没有市场。

第二，经营目标市场的好处。

目标市场有一个好处，就是容易形成品牌，容易打造个人的品牌。保险行业主要是口碑营销，所以进入一个圈子，成为这个圈子里面的人很重要。你成为这个圈里的人，就容易形成一个品牌。人的购买都有从众心理，比如说你在一个校友会里，旁边的几个人都向我买了保险，其他的人就会跟着买，所以这个目标市场一旦形成规模以后，就会以点连线，成批成批出单。在一个目标市场里面，如果有十来个人成为你的客户，就会形成很大的影响力，当然同时也会形成很大的压力，因为目标市场里的客户服务要求更高，如果有一个客户对你服务不满，同样可能会影响其他人。这是我们要特别注意的地方，在打造个人品牌的同时，要维护品牌，并不断提升品牌价值。

对于个人品牌的塑造，我的看法是：

第一，品牌有一个根本点，就是品质——个人的品质。什么是品牌？就是人品加产品。你本人的品质有没有问题，大家是否都认可你这个人，非常关键。否则，你的个人品牌就形成不了。不能说别人故意说你坏话，挑拨关系，要相信公道自在人心。

第二，我们做个人品牌的时候，一定要以服务者的身份出现，为这个目标市场作一点贡献。前面提到的席主任为什么做得那么好？因为他用心关注细节，并精心策划。有一次校友聚会，他自己作主持，并且提供了10张保险卡意外抽奖，抽奖之后他会帮他们开通，大家都很满意。如果你不能作主持，也可以做工作人员，为大家提供服务。所以以一个服务者的姿态进入到这个圈子里，就会得到目标市场里有影响力的人的认可，比如说会长、副会长，他们认可你的服务，就会委托你做事。通过做事，得到大家的认同，最后会帮你塑造品牌。

第六章
培养影响力中心

培养影响力中心有两个重点：第一，什么样的人可以做影响力中心？第二，如何培养影响力中心。

有个案例是关于泰山之家的感人故事的。

我现在的团队叫做“泰山之家”，有许多人都问过我为什么起这个名，有些朋友想当然地理解为“人心齐，泰山移”，觉得我是在强调齐心协力、克服困难、成就大业的精神和团队文化。这当然没有错。一个团队没有文化，没有聚集力，是绝对没有战斗力、无法取得好成果的。但这个名称却是有来源的，那就是源于我多年前认识的一位朋友——泰山大哥。

泰山大哥姓“但”——一个很少见的姓，是一个公司的老总，认识他的时候我还没有做保险。因为某个机缘和情感，或者说感恩，后来我的团队以“泰山之家”为名。而泰山之家也真的和泰山大哥一样，一直发展得非常好。

我和泰山大哥是怎么认识的呢？在我认识我太太的时候——当时应

该叫女友，我女友和但总都是做玻璃钢产品的，我女友帮她的朋友做业务，但是有些产品那个朋友做不了，所以就和泰山大哥有一些接触。当时我们正谈恋爱，所以我就认识了但总。后来我改行做保险了。当初但总并不认可我做保险，他还笑着说我做不长久。后来我跟他讲了保险业的前景和平安公司的实力，他又说了一句笑话：你的眉毛长得就很“保险”，我看别人1 000遍记不住，看你一遍就忘不了。你做保险，应该会有出息。虽然是开玩笑，但也说明他对保险的观念已经有所转变了。我的眉毛确实很有特点，两条眉毛的外角都明显上翘，很像京剧脸谱里大花脸的眉毛，初看好像很有杀气，仔细一看，其实是慈眉善目，事实上我也是一个很和善的人。我这种长相和我的性格，确实为我的保险事业带来了很大的帮助——首先让客户容易记住我，其次客户也很信任我。

话说回来，但总又接着对我说：“小杨，保险我是不会跟你买的，我跟你说心里话，我已经买了很多保险。”我对但总说：“买不买保险无所谓，能够认识你我很高兴。”既然他说已经买了很多保险，我也不知道怎么跟进。后来我才明白，我们在跟进的时候一定要想，我们能不能为客户创造价值。

当时我们部门的人不多，业务也不是很好。我们的经理叫李浩，他的培训作得很好，他对我们说，如果在外面有些大客户需要他去作培训，对大家销售保险有帮助，他就会去提供帮助。我当时想，但总虽然买了保险，但是买了什么样的我也不知道，要是给他作培训他应该感兴趣。所以我就想请李浩经理去给但总的公司作一下培训，他很爽快地答应了。于是我就找到但总，说有一个好消息要告诉他；他问是什么好消息，我又留有几分神秘地说见了面再告诉他，反正一定是对他非常有帮助的。我又开玩笑说：如果对你没有帮助，你到时候可以骂我。他听我这么说，不太好意思拒绝，就叫我过去。我过去后告诉他，我们公司有一个非常优秀的培训师，这么多年成长得很快，他觉得大家对他的帮助很大，现在想回馈社会，作一些义务的演讲。我就费了很大的力气，争取到机会给但总的员工作一场培训。我们这个老师的培训收费一天就是一两万，非常贵。但总很直率地回答，搞培训可以，但保险是买不了。接着又有些“得寸进尺”地说，作一次培训可能没有什么效果吧，一个星期来一次行不行，或者搞一个月行不行。当时我感觉他有点“过分”，但他既然这么看重培训，毕竟是好事，所以绝对不能放弃。于是，为了让李浩经理支持我，我就吹了一点牛，说但总的厂房有两万多平方，生意做得很大。培训搞得好的话，估计能买不少保险。李浩当场就答应了。

李浩经理第一次去但总的公司作培训的时候，很不巧，工厂停电了。当时他们有20多个业务员，于是就带到横岗的平安公司基地去培训。培训完后但总很开心，说平安的培训真的不错，老师讲得很好。于是请我们吃饭。饭桌上李浩经理先称赞但总事业很成功，接着又问他对保险怎么看。但总也很直率地说，保险很好，他已经买了很多，一年要交50多万。李浩听他这么说，就没继续问下去，大概是想他的保险已经买够了，没有多大希望。我也没把握但总能不能买我们的保险，所以也不好要求李经理继续给他们培训。因为作为营业部经理，李浩的时间都是金钱。但是答应了客户的事情一定要兑现，怎么办？

一个人的成功有时真的是逼出来的。我当时在想，大不了我自己来讲，因为李浩当时讲的是“专业化销售流程”。我干脆把每个环节再细化一下，因为衔接教育全都学过。于是我就找公司培训部的教材，又就在网络上买了一些书，查了资料，再结合平安学的东西去讲。我备课时认真详尽。我对但总说，我们也比较熟了，可能你还不了解，其实我的课也讲得挺好的，我在公司演讲比赛还得了奖。然后告诉他李浩经理下周要出差，去上海那边学习，个把月后才能回来，他安排下周由我给你们公司讲课。又说，如果我讲得不好，我再给你请一个更厉害的老师来讲。但总是一个谦和又宽厚的人，当时就将信将疑又很有兴趣地答应了，周六让我去讲课。

周六我讲完以后，但总给了我鼓励，肯定我讲得还可以，比较实用，只是稍微嫩了一点。但总的认可对我的鼓励很大。就这样，接下来两周我又给他们上了两次课，每次都有进步。最后一次上完课，但总说：“小杨，说句心里话，其实我没有买什么保险，只是在××人寿买了50万的意外险。我原来对你不了解，通过这几次交往，觉得你是个做事的人，未来应该是个百万富翁。这样吧，保险我也不是很了解，可能短时间也不会买，但是如果你有什么困难，你可以找我。”但总的话让我很感动，因为当时我做业务很辛苦。

我2000年来到深圳，一年后就买了房子，主要是为了结婚。当时我在一家外资企业做业务经理，月收入有1万多，供房没问题。但是我并不满足，于是自己出来做生意，结果亏了。因为是零首付买的房子，一个月供4 000多块钱，在我们夫妻都上班的时候问题不大。但当我做生意破产的时候，压力就大了。我想在短期内赚到比较多的钱，所以就选择做保险。可是我们负债十几万，太太又怀了小孩，上不了班，就我一个人做保险，每个月还4 000多块钱的房款，压力真的是太大了。每个月都是吃了上餐不知道下一餐在哪里，做得非常辛苦。当时家里经常被停电停水，我买房的时候写的是我太太的名字，拖欠电费的时候管理处会贴公告，上面写着“以下人员已严重拖欠水电费，请尽快缴纳水电费”，我太太的名字赫然在列，她觉得非常没面子，结了婚，水电费都交不起，晚上只能点蜡烛吃饭。有一次太太生病了，要动手术，当时没有钱，我找了好多同学借钱，最后只借到500块钱，就是做网络的那个同学，当时他在珠海给我寄来500块钱，因为那时候同学有钱的也不多。同时很多人知道我做生意失败了，风言风语很多，不敢把钱借给我，听到我的名字都避着不见。

最困难的时候我想起但总的话，“如果你有什么困难，你可以找我”。但是说实话我心里没底，毕竟我跟他非亲非故，在深圳这个地方大多是利益关系或者逢场作戏。他真会借钱给我吗？可当时又找不到别的办法，我想死马当活马医吧。于是我拨通了他的电话，很不好意思地说想请他帮个忙。他说正在贵州出差，问我什么事。我只好硬着头皮说想跟他借1万块钱。他又问是什么事这么着急，因为在当时1万块毕竟不是个小数。我只好如实相告，说我老婆生病了，要治病。他听我这么一说，就说治病是大事，很爽快地答应了，并叫我第二天去他们公司找他们的何会计，他会给他交代。我很开心地回去告诉太太，但总答应借1万块钱。太太有些不相信地问：但总会那么好吗？真会借钱给你吗？说实话，当时我也不完全放心。第二天我去但总的工厂，前台就告诉我，他们会计在等我。去到财务室，何会计把早就准备好的1万块钱给了我，让我非常感动。而且这笔钱一年都没有还给但总，因为那一年确实困难。但总非常关心我，每次去他那他都问我还要不要钱，我当然不好意思再要他的钱，只是告诉他目前还钱有点困难。他宽厚地笑着说，等你以后成了百万富翁再还给我。一年以后我把钱还给他，他不要，叫我先拿着用，并说我这个人很实在，一定会成功。但是我坚持说，这个钱欠了一年了，一定要还给你。

后来但总对我的帮助很大。我升主任的时候，业绩压力很大，因为我6个月转正，10个月升主任，我的团队人够了，但是新人不出业绩。当时我的市场也没有打开，只是有些小单，没有大单，升主任需要业绩的支撑。当时我就同但总说了，他问我还差多少。我说大概还差4万保费。但总说他对保险不懂，但是很爽快地答应向我买4万块保险。签单的时候他讲了一句话，把我逗乐了："小杨，买保险是没关系，我是不放心。"我说："你是哪里不放心？不放心我吗？"他说："不是不放心你，要是这个保险公司是你开的就好了，平安我不了解。是你开的，我买了就放心了。这个平安，我又不懂，万一平安倒闭了呢？你开的没关系，要是倒了，这个钱我相信你还是会给我的。"对我很相信，对保险公司不相信。我听了又想笑又感动，足见但总对我的看重。他为什么对保险公司不相信？就是之前有一次理赔感觉不满意，所以一直对保险公司心有余悸。

但总是我生命中的贵人，他有个外号叫泰山大哥，所以我把我的团队命名为"泰山之家"。但总也成为我的影响力中心，他对我的帮助，以及对我弟弟的帮助，都非常大。我弟弟做保险的头两年，车险做了100

多万，其中有80万都是但总介绍的。我弟弟第二年就买了车，第三年就买了房，都要感谢但总。

后来我和太太重新进行了定位。我2007年以后逐渐转到管理上，主要是在业务上指导我太太。因为感觉我一个人的精力是有限的，而且我比较喜欢作培训，喜欢作管理；而我太太业务上又有比较高的天分，因此她以业务为主，其他的就不用管了。

为什么我和但总关系处得这么好？原因就在于我们对他很用心、很真诚地付出。俗话讲得好：人心换人心，黄土变成金。我记得有一次，但总还没有向我买保险，我正跟他聊天，他太太进来了，随口说了一句："老但，你看小杨的身材多好。"我说但总的身材也很好啊。但总身高有一米八几，长得有点像毛主席。可他太太说，他刚体检有脂肪肝，医生说要想办法，不然的话会引起糖尿病，要他注意，可他天天要喝酒，应酬太多了。于是我把他有脂肪肝的事记在心里。

我一直在想：如何做对客户有价值的人？怎样能够帮到他？一方面我帮但总介绍过一些业务，他当时做玻璃钢产品，规模也是深圳前三甲。他玻璃钢产品车间有防尘的地面，很多电子厂里面都需要无尘车间，我给他介绍了两单业务。第二个更关键的是帮助他家人照顾好他的身体。当时我们团队人少，每天早上起来做广播体操，我想广播体操是不是对脂肪肝有好处？因为运动对减肥一定是有好处的。做服务一定要用心，于是我马上打电话跟他说，我有一个好消息汇报给他，我找到了一个很轻松地治疗脂肪肝的秘方。他问是什么秘方，我说电话说不清楚，还是见面说吧。于是他叫我第二天过去。

去了以后，他急忙问是什么宝贝。我说，那天听嫂子说你有脂肪肝。他说是的，正在吃中药，但没有什么效果。于是我说：“吃中药的效果不明显，前两天我听收音机里面讲，治疗脂肪肝最好的方法是做广播体操，做广播体操对脂肪肝的消除非常有好处。而且只要坚持做，90天以后脂肪肝就可以消除。所以我听到这个消息以后很兴奋，我可以帮到泰山大哥了。不过广播体操的伴奏碟很难找，市面上很少有卖。恰好我一个同学在学校教书，他们学校里有广播体操伴奏碟，于是我去刻录了一张，给你带来了。”听我这么说，他连忙谢谢我。于是我又用了点技巧，说这个碟还不能给他，要把嫂子叫过来。他问叫嫂子干吗，我说要嫂子督促你啊，不督促你怎么会做？早晚一次，每次5分钟，坚持做保证有效果。他太太是财务经理，她过来后我就说，嫂子，我找到一个治疗脂肪肝的方法，你要督促但总做。后来他太太说：“小杨，你真的是对我们但总好，很多业务员我都很讨厌，每次来都买什么芙蓉王的烟啊、好酒啊，这都是害老但的，就想挣我们家钱，我觉得你这个人真的是为老但好，很实在。”我花的钱不多，但效果好，客户又觉得帮了他。

我每年春节只要在深圳，初一都要给但总拜年，我真的很感谢他。但总觉得受不起，他说一般初一都是给父母拜年的。那时候我一家三口在深圳，父母在老家，一般是国庆节回去，所以初一就给但总拜年。第一次拜年的时候，在他家里还喝醉了，因为我本来不喝酒。但总说，做业务不喝酒他不相信，结果喝白酒，真喝得吐了。后来每次但总都很照顾我，他是很实在的人。他在他的朋友圈子里不是挣钱最多的，但他是商会的会长。

我的影响力中心有好几个。我提供一些别人提供不了的，就是让别人感觉到超值的服务。我每年的除夕之夜，要倒数5、4、3、2、1，新年一到，马上给几个最重要的客户打电话。估计一年当中，他们都是第一个接到我的电话，这个时候他们接到我的电话是非常开心的，一年都记得我。当然平时服务也要坚持做。但是我们一定要想办法给客户提供他难以忘怀的、永远铭记在心的服务，也就是别人做不到的服务。除夕时，大多数人看完电视要睡觉了，但是我打个电话，客户一年都记得。所以每次给但总打电话，他总说，小杨啊，每到这个时候你都会给我打电话。所以我觉得影响力中心要互利，就是要用心去做。

案例剖析

启示一：得到影响力中心的认可，并且乐意帮助你

启示二：超出影响力中心的期望

启示三：要经营自己的长处

第一，影响力中心本身要有影响，才有影响力。

所谓影响力中心，首先应该是各个行业里面的领军人物，或者是朋友圈子里最受尊重的人，或者是他的交际圈子非常广，人缘非常好。其次，他本身有购买力，这种人比较适合做影响力中心。再次，他本身非常认可你。最后，他很乐于助人。要根据这四个特征，在你身边寻找这样的影响力中心，有一个影响力中心，你的业务就不会差到哪里去。记得2004年，当时我们的营业区很大，我是营业区业绩第一名，在深圳分

公司排在20名左右，获深圳市优秀代理人提名。当时深圳分公司优秀代理人总共有25位。我从2004年开始，连续3年获支公司的十大展业能手，此后基本上业绩都在前十名，而且我花的时间不多，是很轻松的，就是因为有影响力中心在帮我做介绍。如果有两三个影响力中心的话，业务就很容易开拓。比如：校友会的会长、常务副会长、秘书长，都可以成为影响力中心，还有工会主席，同学里面一些比较有影响力的，如果跟他们的关系特别好，他们可以帮你做很多事。

第二，要超出影响力中心的期望。

你的服务要超出他的期望，一定要给他一些让他比较难忘的服务。比如说帮助他小孩解决读书或者看病的问题，或者是在业务上能够帮他的忙。还有关注他的身体健康，以及他家人的身体健康，通过你的一些资源去帮助他。因为每个客户都一定有他的优点，也会有他的弱点；有他做得到的地方，也有他做不到的地方。一个黄金之问就是：客户还有哪些需求没有被满足？这就是我们需要关注的。你关注了他没有被满足的需求，他最后会回报你。你满足了客户的需求，客户就会照顾好你的口袋，这是一定的。

有一点很重要，就是要经常给你的影响力中心汇报成绩。我一个月有几个短消息是一定要发的。第一种是汇报成绩，一个月一定要发一条，比如：感谢各位客户和朋友对我的大力支持，本月我在月度竞赛里获得了11名的好成绩，感谢您的支持，祝您家庭幸福。要知道，哪怕是假想成功，也是成功的捷径。或者这样发：感谢大家的支持，这个月我获得了去海南旅游的资格，谢谢大家，祝大家身体健康。每个月有一次这样的短消息就行了，不要太频繁。第二种，就是天气变化了，提醒他要注意身体。第三种是养生的，关于健康方面的短消息。第四种就是幽默短信，偶尔发一条搞笑的短消息，令他轻松一下，一定会加深对你的印象。四种结合起来，基本上一个星期一次，每个月四次服务，让客户感觉是你很用心的。

我太太发短消息是出了名的，她对待客户非常用心。现在很多人都抄她的短消息。要用心研究给什么样的客户发什么样的短消息：女性怎么发？男性怎么发？老板怎么发？都有固定的短消息，存在你的手机里面，改一下就发出去。这样的短消息，每个月都是固定的。比如我的手机订了笑话，一些比较好的笑话，我就会转发给客户。不要每次发过去都在说我们的什么产品要推出了，对方很可能看都不看就删掉了。我认识一个瑞格尔体检中心的小史，后来他每个月甚至每个星期都发一些幽默的或者养生的短消息给我。我想这个人一定会成功的，不过两三年时间，现在他已经是体检中心的营销老大了。

除了短信之外，还可以充分利用互联网。我在一次培训时认识一位姓曾的业务员，做分众传媒电梯广告的。他拿到我的名片以后，每次去哪里旅游了，获奖了，都会把他的照片、他的一些心得通过电子邮件发给我们分享。销售是什么？是信心的传递，情绪的转移。他就是在传递一个信息，是一个很棒的业务员。所以在服务这方面，你要超出客户的期望，不断地让客户感觉到，我接触你这个人值，你是一个很优秀的人，因为每个人都喜欢和优秀的人交往。如果你自己不够优秀，每次见到人家都说："我没有单，我现在要被考核了，老大，我死定了……"你说谁愿意跟你交往？你死定就死定吧。所以每次都要给客户惊喜，哪怕这个月业绩不太好，也要传递一个信息，你做得很棒，因为人们都喜欢听好消息。比如我正在和老李聊天，收到一位伙伴的短消息，说最近去海南旅游了。我就会很自然地告诉老李：你看我这个业务员不错，去旅游了，做得很好。关键是你要经常把你的成绩回报给你的客户和朋友，因为销售其实是信心的传递。

第三，要经营自己的长处。

有一个传统的理论，叫短板理论。很多人都知道，木桶能装多少水取决于最短的木板。很多销售员，都想办法去弥补自己的短处，最后的结果是搞得自己很不开心，却没有什么成绩。举个例子，如果一个人本来没有什么演讲才华，普通话又很差，可能一上台就很恐惧、很害怕。如果他刻意去做这件事情，最后的结果往往是他觉得自己的成就很小。关键的问题在哪里？是他做这个工作一点都不开心。因为他要强迫自己去做并不喜欢做的事情。所以现在有一个新的理论，就是“优势理论”，一定要发挥自己的长处。每个人的成功，都有他的长处。

我觉得长处要从几个方面去找：首先要找到自己的长处。哪一个方面能够形成长处？就是你最喜欢做的事情。比如说特别喜欢带小孩，那你要把这一点拔高成为长处。如果你喜欢作策划，喜欢玩电脑，那就把这方面包装成你的长处。有了长处以后，你要去主动表现给你的客户，告诉他自己有这方面的长处，可以去为客户服务。一个餐馆的生意之所以好，就是因为有两三个招牌菜吸引回头客，别人一来总会点这几个招牌菜。所以一个餐馆如果没有招牌菜，生意很难做起来。再比如说经营咖啡店，环境就是它的一个长处，要把环境包装成长处。人有长处，才能在这个社会上立足。

很多销售员，老是用自己的短板，去比别人的长处，越比越不自信，最后的结果就是失败。切记：长处就是每个人的核心竞争力。以我本人为例，我自认为口才还不错，能讲，但是动手能力相对比较差。我读高中的时候，家里条件不好，不想读书了，想出去打工。高二的时候去上家电班，学修电器，回家之后，星期六、星期天我就把家里的电视机拆开，拆开以后后壳却上不了。我弟弟比我小三岁，结果是他帮我搞好了，而他并没有学过。所以他就讽刺我说，亏你还学这个，有什么用，连一个外壳都上不了。我弟弟的动口能力差一点，但是动手能力很强。如果我去跟别人比动手能力，那就输定了。刘翔原来是跳远运动员，但跳远的时候没什么成就，后来改成跨栏，因为教练发现了他这方面的天赋。如果刘翔一直在练跳远，可能到现在大家都不知道刘翔是谁。

我熟悉一个保险代理人叫黄宾，是音乐学院毕业的，以前教钢琴，也在酒吧唱歌。他做保险之后就利用了他的两个长处，一个是弹钢琴，他的名片上有一句话：拥有这张名片的人，我可以免费为你的孩子提供两个小时的钢琴课。钢琴培训是非常高端的，一般家里能够买得起钢琴的，孩子能够学钢琴的，家庭条件都不错。所以他作保险一年能收入100多万。还有一个小伙子喜欢自驾游，他每年都有一个月要请假专门组织自驾游，每年过年都和客户在一起，夫妻俩同客户一起自驾游去外面过年。通过自驾游，他的保险也做得很成功，年收入也在百万以上。如果他要去演讲，可能成绩也不是很大。但是他通过他的长处去做，做得很轻松，收入又高，又开心，玩得很潇洒。连我们许多高收入的同行都很羡慕他。一招鲜，吃遍天。一美遮百丑。利用影响力中心来介绍你，让他们知道你是有亮点的。现在有人说看我好像很完美，实际上我也有缺点，很多东西是别人没有看到，而只看到了我的长处。为什么有人很成功？是因为光环罩住了他的缺点。我曾对很多同事讲，有一个长处可以成功，有两三个长处可以出类拔萃！

第七章
潜意识销售

潜意识销售，就是通常所说的通过个人魅力进行销售，以自己的本色去打动客户。这就要求销售者有较高的技能和修养。

关于做人

卡内基说，一个人的成功85%靠人际关系，15%靠专业知识。所以人际关系非常重要。如何才能拥有良好的人际关系？简单地讲其实就是要会做人。把人做好了，事就做成功了。这个道理大家懂，但是真正怎么去做，却是一门大学问。因为人不是孤立的，每个人都是一个社会人，所以要处理好确实不容易。而且对于保险行业，还有许多与众不同的做法。

中国有一句老话：己所不欲，勿施于人。这句话，据说已经写在了联合国总部大楼上，作为处理国与国之间关系的准则。对于人际关系而言，就是你喜欢什么样的人，你就做什么样的人，别人就会喜欢你。什么样的人是别人喜欢的人？

让人喜欢的法则一：诚实。撒谎会付出更大的代价，最后的结局肯定是不好的。我们做任何一件事情，绝对不能去误导，不能害别人。但是话说回来，诚实不代表不包装，就像我们一个产品，要通过包装卖一个好价钱。我们要卖一支笔，首先这支笔的本质是没有问题的——是一个诚实的品质，然后再通过包装就可以卖一个好价钱。人也是这样，首先你得是一个讲诚信的诚实的人，品质没有问题。特别是保险行业，如果你不诚实，一定会付出巨大的代价。

记得我2000年刚来深圳时，是荷兰的AmmeraaL公司把我从广州派到深圳，也是做业务，一个人组织一个团队，一年做了400多万，当时已经相当不错。期间认识了一个香港老板，他说："小杨，你是大学生，我是小学生（他小学四年级就没读书了），但是社会上你是小学生，我是研究生（因为他50岁了）。我觉得你这个人挺实在的，有一样东西教给你。你记住，踏踏实实做事，实实在在做人，就不用担心没有饭吃。我们现在市面上卖的书，都是讲什么厚黑学，尔虞我诈，介绍很多做人的技巧，没有必要，其实人最根本的还是讲实在。"他的话让我受益匪浅。

李嘉诚也讲了一句话：市场经济是诚信经济。也就是说，市场经济其实是讲诚信的，讲诚信的公司，才能在这个市场上有突破，最后发展起来，壮大起来。所以和李嘉诚做生意不用担心。李嘉诚说，别人挣两块的时候，我挣一块八就可以了。他和供应商是一个合作体，比如说现在卖的东西在欧美市场卖得好，他就会给供应商涨价，你给我供货了，原来你卖给我一块八，现在我主动提出来加两毛，给你涨到两块。和这样的人合作，你会怎么样？所以当市场不好的时候，我要求你降价你降不降价？当然降价，因为我们是利益共同体。已故的台湾前首富王永庆也是最讲诚信的。

我们保险代理人，也是做生意，实实在在的口碑很重要，这样别人跟你做业务就不用担心。所以做人诚信始终是第一位的。

让人喜欢的法则二：付出。有一次我和我们布吉一些优秀的销售员在一起吃饭，其中是一位谢盈老师，他的业务做得很好，一起吃饭时，他最喜欢的就是帮别人夹菜，给每个人洗杯子。这样的人别人喜不喜欢？一定是喜欢的。其实有时候我们去客户家里，不要完全把自己当成客人，让客户帮你倒水什么的，你可以自己去倒水，这样反而显得很随和，亲切，这也是一种奉献。奉献不仅是这些小事情，比如你愿意在一个目标市场——校友会、同学会或者是同好市场里付出，就一定会有回报。如果没有回报，那只是时机没到。你付出多了，别人都认可你的人，自然会认可你的工作，买你的产品。我们湖南有句老话说得很好：吃亏是福。“吃得亏，扎得堆。”你能“吃亏”，别人都喜欢你。能够“吃亏”的人，就能够拥有很好的人脉资源。所以要做好业务一定要有奉献精神。

让人喜欢的法则三：包容。人要拥有一颗包容之心。实际上大家都不喜欢那种过于计较的人，而一个会包容的人，最后一定会在这个人群当中树立很好的口碑。因为出生地、风俗、家庭背景、学历教育、社会经历都不一样，所以每个人的性格和修养都是不一样的。我们很多人之所以不能包容，就是眼睛总是盯着别人的缺点，看不见别人的优点，所以他没办法包容别人。他不包容别人，最后别人也不喜欢他，成为一个不受人喜欢的人。有一句话说得很好：看别人不顺眼，是你的修养不好。为什么很多人的业务团队做不大？或者他的客户量不够多？一个重要的原因就是他缺乏包容心，甚至心中充满了嫉妒，当然得不到别人帮助，事业永远大不了。所谓心有多大，舞台就有多大，确实是这个道理。我们应该记住伟大的法国雕塑家罗丹的话：世界上并不缺少美，而是缺少发现美的眼睛。要怀有一颗包容之心，让自己的眼睛去发现别人的美丽。

让人喜欢的法则四：用心。用心才会温暖，用心才会有爱，用心才会有慈悲。我们做一件事情的时候，用心主要体现在细节上。比如前面讲的，我和吴小姐那个客户，我知道她爸爸身体不好，就在这方面为她想办法，如果是她小孩的英语成绩不好，我就要想办法去帮助她孩子提高英语成绩；我的贵人但总有脂肪肝，我就十分留意为他解决脂肪肝的问题；严习兵很爱学习，我就去市面上找一些工厂管理和营销方面的教学光盘送给他，不用花很多钱，但他们会觉得我很用心，发现了他们没有被满足的需求。这样，别人自然会从心里认可你，你还担心他们不和你成交吗？

让人喜欢的法则五：赞美。学会赞美对于营销来说非常非常重要，所以后面我会把赞美单独用一节来讲。有一句话说得很好：下流社会人踩人，中流社会人挤人，上流社会人捧人。越是社会底层的人，越是互相踩踏，互相攻击，说对方不好的话，时常以贬低对方为乐趣，甚至有红眼病，见不得你好，你好了我就搞臭你。我小时候在农村，时常有农户家的鸡鸭被毒死了，就是有些红眼病的人，见不得别人养的鸡鸭比自己好，就出此下作之举。中流社会一般的白领都是人挤人，大家都挤在独木桥上，为了利益去疯狂竞争，拼个你死我活。而上流社会，生活中往往充满了赞美和欣赏。

其实无论生活在哪个层面，哪个圈子，每个人的内心都渴望被赞美，这是人的本性。既然自己也渴望被赞美，你还要吝惜对他人的赞美吗？

关于赞美

赞美对于销售来说实在是太重要了，甚至可以说是销售的撒手锏，所以我们专门来谈一谈赞美的艺术。

很多人以为赞美就是奉承别人，就是拍马屁。我们谈赞美之前，一定要把赞美和拍马屁作一个区分。

赞美就是发现优点，即以事实为依据，而拍马屁是制造“优点”或过度夸大优点。比如说这个人本身相貌平平，你却说她貌若天仙，这无疑是在伤害她，不但得不到她的好感，反而会让她对你心生厌恶。

有一句话叫做“见人说人话，见鬼说鬼话”。很多人说这句话有问题，太八面玲珑。实际上见人就要说人话，见鬼就要说鬼话。所以赞美不但要注意“度”的把握，更要看对象。

赞美是个很大的课题，简单讲几点。

第一，赞美一定要具体化。赞美最怕什么？就是泛泛的赞美。比如说这个女孩子她本身长得很漂亮，你见面就说她长得很漂亮，她不会有什么感觉，甚至会觉得你是在讨好她，觉得你庸俗，因为已经很多人说她漂亮了。所以我们的赞美要具体一点。比如你可以从长相上捕捉细节。举例来说，我下巴上有一颗痣，你说：杨总，很多人说下巴有痣的人是有财运的人，难怪你升总监这么快，因为你的痣长得特别好！这就是具体的赞美。

有一次我陪同事见一位女客户。这个单已经跟了四五次，可是每次去她都在打麻将，无法单独交流。这次我们去的时候她也在打麻将。那个女生真的很漂亮，穿着也好，真的像个明星。我估计说她漂亮的人肯定很多，我要怎么引起她的注意呢？这时业务员介绍说我是主任，刚刚经过这里，所以一起上来一下。她起身过来和我打招呼，给我倒了一杯水，然后又继续打她的麻将。

于是我注意到她是一个比较有礼貌的人。心想，这个机会很重要，我要赞美她一下。我就半开玩笑地说："小于，有没有人找你拍广告啊？"她说："找我拍广告干吗？"我说："你有没有觉得你的牙齿长得特别好？那些拍牙膏广告的明星都是这样，有没有人跟你讲过？"她说："杨先生，你观察很细心啊，我也觉得我的牙齿长得很好，可从来都没有人说过。"这时她很开心，于是很愿意跟我交流，最后当天就顺利把这个单签下来了。签完以后，她还说，杨先生要不要下午打麻将？哈，这我只能推辞了。

如果你去别人的家里，说你们家里装修得很漂亮，这种空泛的语言是没有感染力的。你可以说你们家里装修很有格调，很大气，特别是哪一块做得特别好。有一次去一个客户家里，他的大厅里面的颜色是草绿色，而我之前见过的墙壁都是白色的。所以进去以后我就找到赞美点了：

“哎呀，你们家里的装修是谁设计的？”那个女主人说：“是我自己，我随便弄的。”我说，一看你就是非常有格调的人，是一位非常优雅、非常会享受、非常有品位的女士。这个颜色看着多舒服，就像大自然一样，你可以做设计家了。她很开心，一开心，后面的事情就很好谈。所以赞美首先要具体化。你要仔细捕捉，衣服搭配、首饰、五官、身材……都是可以赞美的。比如说鼻子，有些人的鼻子长得比较大，鼻子大的女人旺夫，有财运；鼻子大的人很聪明。你看爱因斯坦的鼻子多大，占了半个脸。再比如眉毛，有些人的眉毛长得很浓，这样的人可能未来的运气、财运会比较好。有些人的嘴唇人中很深，说明他的身体状态很好，是长寿的特征。还有耳垂很大，也是长寿的象征。通过具体的赞美，别人会觉得你的赞美是与众不同的，就会留下很好的印象。有了很好的印象，客户就喜欢你。

跟进客户有四个简单的步骤：一是让客户接受你，二是让客户喜欢你，三是让客户信任你，四是让客户依赖你。首先是接受——你的着装，你的专业形象，是不是让别人接受；其次是让别人喜欢你——你会赞美别人，别人就会喜欢你，因为每个人都渴望被赞美；再次是让客户信任你——通过你的跟进服务，赢得别人的信任；最后是让客户依赖你——你能够帮到客户，在某些方面成为他离不开的朋友，客户自然就会依赖你，最后买保险就不用担心了。所以，赞美一定要具体化。

第二，在赞美的前提下指出小缺点。我有一次听了一个分享，很有启发。有一位业务做得很好的代理人，每次讲保险的功能之后就讲不足之处，比如说，第一，缴费时间一定要长一点，不要交几年不交了，会受损失；第二，要考虑你的持续缴费能力，中途不要那么快从里面拿钱，因为拿钱可能会影响你后面财富的累积；第三，你要约束你的行为习惯，如果酒后驾车出了事是赔不了的。他讲了之后，别人觉得这个人很实在，反而会跟你买。所以我们在赞美的时候要注意，有些人肯定经常被很多人赞美，你不妨说出他的一点点缺点。不要担心会搞砸，如果你讲得在理，对方反而会进一步认可你，因为你很真诚，而且也是对他的提醒和帮助。

我刚开始做业务的时候，我们销售科的科长是一位学化工的研究生，他写了一篇杂文在《长沙晚报》发表了。于是大家都来拍他的马屁，有些人甚至对他歌功颂德，“刘科啊，你的文章写得好啊，写得太好了”，反正都是泛泛的空洞的恭维，他总是点头笑一下。当时我想这么多人赞美了，我不去又不好，我肯定也要赞美他一下。那我该怎么赞美？

首先我认真地看了一遍他的文章，文章中批判了一些社会不满的现象，风格比较辛辣。但是我觉得他的结尾有一点点问题，于是我就对他说：“刘科，你的文章我认真地看了一遍，我感觉这个结尾还欠完美，如果结尾完美一些，这个文章和鲁迅写的没什么区别了。”他说：“响华啊，你讲的话我真听进去了，我也感觉那个结尾是有点问题。”我赞美的方法是前面压一下，后面扬一下，他很开心。不久，他就把我提拔为业务经理，估计是他比较欣赏我做事用心。有一个女孩子叫蔡少林，也是很会赞美的。当时我孩子两岁多，我带孩子到她部门办事，她看到我的孩子，说：“老杨啊，这个孩子长得不像你哦。”我就着急了，我说不像我像谁啊？她说：“哎呀，你这个孩子，吸收了你们两个人的优点，比你们两个都长得好，面相长得比你们两个未来都有出息。”她还说要是小孩眼睛旁边这颗痣长到下巴上，他以后的成绩是你的10倍以上，但是目前面相，未来的成绩也会远远超过你啊。作为家长，谁听了这个话不开心？

第三，要用递进式赞美。所谓递进式赞美，就是用递进的句式，像“不但……而且……更难得的是”。比如说李先生不但为人好，家庭也经营得很成功，更为难得的是乐于助人。平安保险深圳分公司原来的石总，当时对我的赞美我永远记得，他说：“响华，你是个人才，你不但能做，而且能说，更为难得的是，你还能写，这样的人才平安太少了。”这个话我经常拿出来讲，我说这是对我最高的评价。然后石总又说：“我保险做得很好，但是说不出来。有些人能说不能做，有些人是能做能说，但是他不会写。而你又能做，又能说，又能写，所以非常了不起。你要好好利用你的价值，未来一定会更美好。”后来石总去上海的时候，打电话要我去，我也毫不犹豫地去了。士为知己者死，他是赏识我的，也可以说是一种赞美的力量感动了我。

第四，赞美一定要养成习惯。要学会赞美你周围所有的人，而不是刻意地赞美某一个人。很多人为什么觉得赞美的时候不自然？因为中国人不太习惯赞美别人，从小父母亲总是习惯看孩子的缺点，总是指出你这里不对、那里不好，所以中国人很吝啬赞美。中国人是棍棒教育，西方是赏识教育。国外有一个教学案例，名字忘记了，说是一个黑人总统，小时候成绩非常不好，而他的老师发现了他的优点，最后他成就了自己的事业。我们小时候读课文里的爱因斯坦，当时做板凳做得很丑，但是他的老师发现了他的优点。

当代中国也有一位杰出的教育家，叫周弘，他是全世界第六种教育方法的创始人，做赏识教育中国第一。周弘本身只有初中文化，他有个女儿叫周婷婷，小的时候生病，青霉素注射多了，导致孩子聋哑，听不到，也不会讲话。孩子慢慢长大以后，他希望他的孩子能够像一个正常的孩子一样去读书，可是孩子只读到一年级，老师就不要他读了，因为10道数学题她只做对了一道，9道都错了，小孩受到很大打击。正规的学校都拒绝她，因为聋哑学生会影响学校的教学质量，所以都不接受她。但是周弘不想把孩子送到残疾学校去。后来他看了国外的教育案例，包括海伦·凯勒等，决定要亲自来教育自己的孩子，所以就辞去工作，专门教育小孩。他从来不给孩子打叉，他会对女儿说，你真棒！虽然女儿听不见，但他会比画给女儿看——你比爸爸棒。他觉得小孩都是天才，没有庸才，只有放错了位置的天才，他认为女儿也是天才，就不断地鼓励她，不断地用他最大的努力去做，孩子的耳朵听不见，后来通过助听器，孩子慢慢可以听见，又慢慢学会了说话。周婷婷后来成为北京市十大杰出青年，保送去哈佛读大学，成了博士。后来周弘老师专门办了一个学校，专门教聋哑小孩，把他们都当正常的孩子看。比如说小孩犯了错，他不是责怪，而是鼓励——你真的很棒。通过一些赏识的方法鼓励小孩子。很多不听话的小孩，经过他的教育，几年以后都很孝顺，很懂得感恩，而且非常努力。他不是告诉孩子我要你去学，而且想办法让他们觉得自己想学，别人称他为“赏识爸爸”，其实他所做的简单地讲就是“告诉你的孩子，你是最棒的”。现在周弘讲课的出场费都在10万元以上。

有一个很经典的故事。有一个小男孩，老是喜欢发脾气，他爸爸就用两件事情启发他。首先，爸爸把他带到一个空旷的山谷里，对他说，现在你骂人吧。你大声地骂，想骂谁就骂谁。他发现他骂别人的时候，回应过来也是骂他的。而当他说“我爱你”，对方回过来也是“我爱你”，也就是说，生命有如谷中回音。你怎么喊，它就怎么答，你抱怨社会，社会就会抱怨你。你赞美社会，社会就会赞美你。其次，爸爸拿了一根扁担，要儿子把钉子钉进去，然后又拔出来，那根扁担上留下了一个很深的窟窿，然后爸爸告诉儿子，当你抱怨别人的时候，当你指责别人的时候，就像这个钉子一样扎在别人的心里，拔出来也有伤痕。当你赞美别人的时候，收获的是完整的。

赞美像太阳，照到哪里哪里亮。不管是老人、小孩，还是年轻人，任何一个人都是渴望被赞美的，被赏识的，因为这是从人性的内心散发出来的，你赏识我，我才会接受你。所以我们要养成赞美的习惯，学会开始赞美你身边的家人、同事、朋友、同学，他们都是需要被赞美的。如果你是一个极少赞美别人的人，突然跑去赞美别人，你自己都会觉得不习惯。有的人说，我本来不想赞美他，我是强迫自己去赞美的，我心里很难受。那是因为你没有养成习惯，如果你习惯了，你的赞美一定是发自内心的，一定是真诚的，而当你学会赞美的时候，你每天的心情都会很好，业绩也一定会很好。比如，每天早上，碰到一个人就要开始赞美：今天你的衣服穿得很整齐，很精神啊。如果你今天赞美了很多人，你今天一定是很开心的，因为别人也会赞美你。我即使去洗手间，看到旁边有人也会赞美一下，所以我每天心情都很好。记住，保持好心情的“秘诀”很简单，就是学会赞美你周围所有的人，而不是刻意地赞美某一个人。

第五，赞美一定要区分对象。赞美要用心，你要找到不同的赞美点，比如对男人和女人的赞美是不一样的。男人可能更希望你赞美他的事业心、他的责任感，他会更满足。女性呢，可能赞美她的长相和着装，赞美她有一个和谐的家庭，赞美她的孩子，会使她更有成就感。我还发现一个有趣的现象：有一些养宠物的，你赞美他的宠物，他也会很高兴。我前些时间认识一个养藏獒的人，一只藏獒值几十万，能够养藏獒的人家都有钱。一天早上，他牵了那只藏獒过来，它全身都是红毛。我说大哥，你的藏獒的颜色，特别旺财。他很高兴地说，你说对了，我原来是一只黑色的藏獒，我朋友说做生意的要换一个，红色的旺财。然后我又问他的藏獒多大了？他说8个月，我说8个月长这么大，最多能长多大？他说两岁的时候一般也就是这么大。然后我问他一些养狗的经验，就聊开了。他是做土石方的，我说深圳市建筑处的副处长是我朋友，我可以介绍一些朋友给你。他说你想不想养藏獒，我免费送你一条。我回去给他发了一个短信，说我是做平安保险的。他回信说欢迎我们去他家玩，还说他们家里养了很多杜鹃花，可以送些给我们。这就是赞美宠物带来的交情。

赞美还有一点很重要，就是不要搞不清楚乱赞美。我就犯过这样的错误。有一次一个老板带了一个女孩子，我看他们关系挺好的，当时我还是菜鸟级的业务员，也不知道情况，就想当然地说，嫂子长得很漂亮啊。他说晌华，这是我秘书，不要乱说。所以我后来特别留意，搞不清楚别人关系的时候不能乱“赞美”，否则双方都很尴尬，真的是马屁拍到了牛腿上。他会想，这个人怎么这么轻率，话都不会说，心里就不太接受你了。

第二部分

销售的原理

做销售就是做买卖。你买的是什么？卖的是什么？对此，很多人并没有理解。买的是什么呢？客户买的是感觉。举个例子，比如说这件衣服很好，要几千块钱。可是假如这个营业员的态度很差，你肯定就不买了。因为不是非在你这里买不可。有时候顾客不买某个产品，90%都是因为对这个服务人员的感觉不好。

有句话说得很好：无笑不开店。所以服务态度最关键。再举个例子，比如一套西装，在商店里卖2 000块钱一套，假设把同样的西装放到菜市场，旁边是卖猪肉的，现在做亏本清货处理，只要500块钱一套，你买不买？你肯定会想，地摊边的西装值500块吗？这个东西是真的吗？你肯定不相信，不会买。所以给客户的第一感觉最重要。很多人说，顾客买不买东西，见面的前30秒已经决定了，可见第一印象有多么重要。

既然感觉这么重要，那么业务人员有两点要特别注意：

第一是着装。我们这个行业有一句话说得很好，就是要为成功而打扮，为胜利而穿着。所以着装一定要有一定的品质。“保险推销之神”原一平没有钱的时候，去二手市场买衣服。因为有些高端客户可能比较在乎品牌的感觉。保险销售员在着装上有一个误区，并不是去哪里都要穿职业装。其实女性大多数场合穿职业装是比较好的，男性倒不一定，而是要根据不同的场合穿不同的衣服，如果是去一个老乡聚会，你一个人穿得那么职业，只能使别人产生一种距离感。我看过一些案例，有些开车的保险代理人，会在车里备好几套衣服，至少一套职业装，一套休闲装，去不同的地方穿不同的衣服。不过男性要注意，头发不能留太长，更不能染成各种颜色，要时刻保持发型，给人清爽干净的感觉，给客户良好的第一印象。

对于女性，一定要化一点点淡妆。有一句话说，一个女性不化妆，就和一个人不穿内衣是一样的。你会发现，业务做得好的女性代理人，都是比较注意自己的外表的。女性代理人不化妆给人的感觉是脸黄黄的，没有光泽，直观感觉就是经济状况不太好，客户怎么放心与你合作？因为客户买的是感觉，对你感觉好了，才会跟你进一步交流。为什么很多代理人，见了客户第一面之后，再约客户约不到了，原因就是客户对他的第一印象不好，不想见他了。

第二是笑容。微笑不花钱，但又是最值钱的。微笑是经过训练的。原一平是个伟大的保险业务员，他有300多种笑容。广州亚运会开幕式上的“微笑姐”，提臀，收腹，露出8颗牙齿，一站就是20分钟不走形。“微笑姐”说：她经过了长达4个月的训练，没有经过训练的人，两分钟都受不了。所以微笑是养成的，也是可以训练的。

第八章

销售有哪些原理

我们卖的是什么？卖的是好处。

很多人卖保险卖不好，就是因为他在卖产品，卖的是这个产品的成分，比如说意外险，缺一条胳膊、断一条腿，能赔多少；一只眼睛看不见赔多少，两只眼睛失明赔多少，得了大病赔多少，住院赔多少，甚至把里面的免责条款都讲了，实际上这样讲反而常常卖不出东西。

那么销售有哪些原理？从卖点方面来讲，就是客户购买保险获得的收益；从销售上来讲，销的是自己，售的是观念；从成交的方法来讲，有痛苦加大法和快乐加大法。

卖点：保障与收益

你的产品和同类产品比，有什么独特的卖点？以我们平安的产品为例，比如说我们的产品大病保险等待期是90天，而多数公司都是180天，有些甚至是一年，这个就是独特的卖点，一定要说出来。很多人好像找不到产品的独特之处，实际上每个公司的产品都有其独特的卖点，因为设计这个产品的时候，一定有独特的东西。所以讲计划书的时候，要把好处具体讲出来。保险其实就是两点：第一，有什么保障？第二，有什么收益？保障和收益，对任何产品都是最重要的。客户关心的是：第一，我买了什么保障；第二，我投多少可以拿回多少；第三，关心万能险还有灵活性。这三条你列清楚了，好处都讲出来就可以了，这是买卖。

销售：销的是自己，售的是观念

销的是什么？销的是自己。很多人对销售并不理解，老是去推销公司，或者迫不及待地讲观念、讲产品，走过去就推销产品，这样基本上是“见光死”。在我看来，80%的被拒绝都源自销售流程搞错了。销售首先是推销自己，其次是推销观念，再次是推销公司，最后才是推销产品。

销售就像谈恋爱，如果你见到一个心仪的女孩子，走过去就说：我很优秀，我家里很有钱，我有两栋别墅，我有奔驰、宝马，你嫁给我吧……这是典型的硬性推销，结果是别人觉得你这个人真的是神经病，嫁给你就是嫁给一个疯子。正确的做法首先是推销你自己的内涵，你的学识，你的服务，通过一些日常的交往来让对方接受你。所以，别人问最伟大的推销员乔·吉拉德他是卖什么的，他总是说“我卖乔·吉拉德”。其实他卖的是自己的服务，用服务让对方先接受他。他每个月寄一张明信片给客户，内容很简单，就是说“我爱你”——每个月都寄。当你收到一个人寄的一张卡片的时候时可能不在意，但如果在半年时间里经常收到这个人的卡片，你在不在意？所以乔·吉拉德缔造了一个无法超越的奇迹：平均每天卖6台汽车，他的纪录到现在没有人打破。一个普通推销员有时候两三个月卖不了6台车。很多人宁愿等一个月排队向乔·吉拉德买车，他还会很自豪地说我的业务员是乔·吉拉德——乔·吉拉德的微笑，乔·吉拉德的服务，他销售的是他自己。所以一定要先把自己推销出去，再卖所谓的观念和产品。

售的是什么？售的是观念。我觉得不管是保险，还是其他任何东西，都是在改变观念。现在很多美食，比如“猪肚鸡”，首先塑造的是一个营养的观念。我有一个朋友，在深圳开了一个很大的美容院，他就是包装一个概念：我的任何一个化妆品都没有添加任何化学元素，全部是纯天然的。如果你发现有不是纯天然的成分，100%退款。他的生意好得不得了，正在准备开连锁店。

成交的方法：痛苦加大和快乐加大

为什么有人能够成交？有人成交不了？成交是衡量一个推销员的关键，你成交了就是推销员；没有成交，就只是一个宣传员、播种机，最后由别人来收割。所以做业务一定要成交。怎么去成交呢？有两个方法：第一个叫做痛苦加大法，第二个叫做快乐加大法。这其实是一个对人性研究的问题，因为每个人的内心都希望快乐，逃避痛苦。不妨举个例子。假设有一对战友，在部队跑步速度几乎一样。他们两个人退伍以后，有一个人当了警察，另一个人却当了小偷。假设有一天在一辆公交车上，这个警察发现了这个小偷，你说谁跑得更快？一定是小偷跑得更快。因为小偷一旦被抓住就要被关进监狱，他在逃避痛苦，而这个警察抓到小偷以后，大多数时候也就是被表扬一下，顶多给个嘉奖，所以他的动力不足。显然，痛苦的力量比快乐的力量更大。再比如说，某人没有病，你却要他把药吃了，然后给他500块。他一定会骂，神经病，我会为了500块而没病吃药吗？我身体好好的。如果加到1 000块，吃不吃？有些人吃，有些人不吃。加到1万块吃不吃？有些人吃，有些人不吃。但如果是生病了，他吃不吃？一定会自己花钱买药来吃，因为他要解除痛苦。

有研究心理学的人说，痛苦的力量是快乐的力量的4倍。我们看到战争片里，一方抓住另一方的人，用金钱和封官往往收买不了，而用严刑拷打却能让他招认，就是因为痛苦的力量更大。

所以我们成交的时候，首先要运用快乐加大法。快乐增加的方法有很多，比如说，李先生，你要赶紧买啊，15号之前我们送一个微波炉，有赠品，或者是送300块钱购物卡。他本身想买，又增加了快乐，可能就买了。就保险而言，可以先给他描绘一个快乐的蓝图：你买了这个保险以后，未来老的时候，你跟老公（老婆）可以去国外旅游，可以享受人间的美食，阅遍世界。他可能很高兴买，因为你在放大他的快乐，这是一种方法。

痛苦加大的方法在成交中也用得很多。比如说，李先生，你现在就站在一个十字路口上，你的面前有两条路，一条前面可能有坑，也可能在未来碰到大风大雨，碰到泥石流；另外一条路，也是崎岖不平，但是我们已经帮你作了规划，这个路已经帮你修好了，你只要出点钱先修路，如果以后碰到什么事情，就会兵来将挡，水来土掩。李先生，你愿意带着家人走哪一条路呢？一般人都会选择走那条修好的路。这是成交的一种方法，就是把痛苦放大。有时可以通过讲一些感人的故事，来让对方接受成交。我有一个销售员就很会讲突发疾病的故事，比如说什么药有什么害处，讲得很真实生动，把你拖到那个情境当中去，你会觉得，真的，我应该买保险。

为什么我的成交率很高？因为我经常用这两个方法。我在东莞讲了两堂课，有75%成交。那个主持人非常优秀，我的讲课促成了购买意愿，主持人又放大了快乐，或者是加大了痛苦。比如说你买了保险，给你老婆也买了，这时候可以现场互动：李先生的太太来了没有？来了，那么有请李先生的太太来分享一下……这是快乐促成的办法。还有痛苦加大的办法。我会讲人生中碰到的风风雨雨，在客户犹豫的时候，会描绘一些痛苦，把我讲课的内容重复播放。主持人就强调，假设一个人同样是生病，但是境况是完全不一样的——有人得了病可以从容地面对，可以康复，可以有后续的疗养；有些人得了病要砸锅卖铁；而有些人得了病只能等死。在座的各位要选择哪一种？前面已经有很多客户作了选择，为什么你还在等？这就是加大他的痛苦，那一场签了1 300多万的保费。

要让一个人去买东西，比如说现在很多超市经常搞打折，打折其实就是快乐加大。你今天来，我给你什么东西让你觉得你今天买是超值的，所以他们一天的销量有时候要超过一个月，就是用了快乐加大法。反过来，比如说这个保险产品明天就要停了，今天不买的话就没有了，这就是加大痛苦的方法。为什么说停售的时候，我们的业绩反而会很好？因为销售人员讲这个产品很好，不买就没有了，客户往往会抉择购买。这也是用痛苦加大的方法去促成成交。

第九章 推销和行销的区别

销售是一门科学，也是一门艺术。销售应该包括行销与推销两种形式。

我个人认为，推销是基本功，要做业务，一定要学会推销。推销是什么？推销是把东西卖好。行销是什么？行销是让东西好卖。推销是一对一，行销是一对多。我们把客户组织到一些会场，实际上是行销的一种，是一对多。一个人要说服另外一个人其实比较难，但你把他叫到创说会或产说会现场，通过一种氛围来感染，他坐下来就可以听进去，这就是行销的力量。

推销更多地体现在行动上面，是行动力。而行销更多地注重于策划，用脑比较多。所以，一般小企业作推销，大企业作行销。在超市里经常可以看到很多的小企业作促销，让顾客品尝一下再买，这其实就是推销。

而行销就是在最大范围内撒播“鱼饵”。这里有两大要素：第一个是最大范围，第二个是“鱼饵”。比如可口可乐的推销员，很少会去超市作促销，因为他广告做得好，也就是行销做得好。所以行销做得好可以让推销变得容易，行销做得好也可以让推销变得多余。世界上最伟大的公司行销都做得好。平安的电话车险，实际上就是做行销。所以现在电话行销的销售员人不多，但业务量超越了其他所有销售员相加的业务量——2010年平安深圳分公司电话行销达到5亿，而寿险只做了2亿多。电话行销只有100来名销售员，不是他们力量格外大，而是因为公司的行销做得好。所以我们在业务上，特别对于营业部个人，或者是小组来讲，一定要学会行销，让销售员的推销变得好做。

做业务最重要的事情是要拿到名单，在这方面我有很多心得。

每年，各地政府都有一两件重大的事要做，如果把这一点利用起来，一定是很好的行销策划。2010年要进行全国人口普查，深圳因为人口密度大，普查人力严重不足，我们得知政府要聘请大量临时人员，经过三天培训后进行入户登记。所以当时就去找了布吉街道办，得知普查人员调查一个人可以得到5块钱，有些人一个月可以赚四五千块钱，同时又拿到了很多人的名单和详细信息，所以就让一批销售员报名参加。不但帮助了政府，自己也收获了大批客户名单，同时对于新人也有一笔不错的收入。真是一举三得。当年广州还举办了亚运会，于是我们与中国最具影响力的都市报——《南方都市报》合作，做广州亚运会梦想柱。我们通过亚运梦想收集小宝宝的照片，做到梦想柱上面，拿名单就非常容易。

2011年，深圳要举办世界大学生运动会，我们又用寻找亚运宝宝的方法，寻找2011张笑脸，这些创意都非常好，家长当然很乐意，所以几乎没有拒绝的。而在找孩子照片的同时，自然也得到了家长的信息。后来我们又与沃尔玛商场以及影楼、旅游公司合作，由他们提供各种优惠券，通过我们去送给客户，我们为他们招揽了客户，自己也得到了客户信息。比如一家知名影楼给我们提供价值688元的免费券，送一张24寸的照片，再送12张底片，我们的销售员通过这个免费券很容易邀请客户来。所以行销的理念，一定要用到业务上。

2009年平安的销售冠军叶云艳，就是行销高手。她有两个例子非常值得同行学习。第一个是2008年奥运会前夕，她在北京得到一个信息：在奥运会举办之前，你可以在北京的邮局寄一张明信片，两三块钱一张，在奥运会开幕那一天，明信片可以送达收件人。所以当时她就买了1 000张，盖了北京奥运会邮戳发出去，客户收到这张明信片一定非常惊喜，非常珍爱。第二个是中秋节，一般的销售员都会给客户送月饼，而她偏偏送水果，并且把每种水果都写了说明，比如说火龙果可以减肥，对治疗什么病有好处，怎么吃等等。送水果本来没有太多含义，但是有了这个小说明，客户一定会特别记得你。难怪她的业务做得这么好，她很用心在经营。

其实每个人做业务的时候都可以用到行销的概念。我太太也善于在业务中引入行销的理念，她每次在有重大事情发生的时候，都会在社区的网络上、QQ群里发布帖子，说有什么事情了，咨询就免费送一份意外险，你买不买保险都送。在她的小区QQ群里，包括她自己的QQ空间，里面经常会有一些类似于折扣一样的内容。她签到很多大单，可以说很多都是靠行销撒播的“鱼饵”。

关于行销，还有一个经典案例。有一个牙医，生意越做越好。为什么呢？诀窍就在于，他对每一个上门诊看牙的人，都送两个U盘，这两个U盘可以送给你的好朋友，他们都可以享受一次免费的洗牙服务。这样通过一个客户就延伸出两个客户，这种行销使得他的生意源源不断。

关于行销再补充一点——增加业绩有三个方法：第一，增加客户的数量；第二，增加客户购买的额度；第三，增加客户重复购买的频率。

增加客户的数量

增加客户的数量是最基础的方法，新销售员最需要用这个方法，因为他缺乏客户，所以需要用行销的方法拿到更多的名单。增加客户数量的方法其实非常多，打个比方，就像增加钓鱼的钓竿。如果我们去钓鱼，假设一根钓竿一天只能钓一条鱼，如果你的目标是10条鱼，那你就要放10根钓竿，或者15根钓竿，因为有些钓竿可能钓不到鱼，但是只要有2/3的钓竿能够钓到鱼就足够了。为什么很多人业务做不起来？就是因为钓竿太少。增加钓竿的原因有几点：

第一，客户要考察你在这个行业的情况。刚开始做保险的时候，缘故客户不一定比陌生客户好做，因为客户在考虑买你的保险时会在心里问，这小子做保险能做多久？先看看再说，万一他做不久，我不是当了炮灰？买保险不像买一个杯子，几块钱一个，客户买了感觉不好大不了不用了，损失也就是几块钱。保险是一个长期的产品，今年交6 000，明年还要交，后年、大后年还要继续交，所以客户一定会考虑长远。

第二，客户会考虑人情。如果一个客户有千万身家，而他的表弟在做保险，他可能会向他买2 000块钱保险，给表弟一个面子。但是没有几个人有这样的“表哥”，向缘故客户开始推销的时候就面临这样的难处，因此我们要尽量增加“钓竿”。增加“钓竿”可以采取随机的方法，可以说哪里有消费哪里就能产生生产力，比如坐车、吃饭、爬山、去医院时，都可以接触到客户。

第三，就是转介绍。前面讲过随机的普通的转介绍，就是很好的转介绍。

第四，经营目标市场。比如组织同学会，作社区开拓，和学校合作，或者进到一些市场，都是很好的方法。

第五，跟别人合作。比如可以跟银行、律师事务所合作，银行职员和律师都认识很多高端客户。还可以想出很多方法，例如贴户外广告。这些“钓竿”都可以增加客户数量，你的客户来源渠道越多，你就越可以放心，因为东方不亮西方亮，如果是单一靠一个钓竿，万一那个地方今天钓不到鱼，可能今天就没饭吃了。增加客户数量有很多的方法，其关键就是要有行销的概念，而不是单一地进行推销。

增加客户购买的额度

增加客户购买的额度有很多方法。我们看到街边卖烤羊肉串的，原来一根羊肉串是1元钱，有些人买5串，有些人买3串。有一个方法，可以让销售量增加40%。什么方法？就是买10串可以送两串，他本来买5

串的，为了送两串就买了10串，实际上增加了卖方的销售额度。这个方法传统的商业里用得很多，比如说卖面包，买三个送一个，本来只计划买一个的，结果买了三个回去。这是增加销售额度的一个方法。保险也一样，有很多方法可以把保单做大。

第一种做法，就是之前讲过的快乐加大法或痛苦加大法。用快乐加大法，比如只要客户买的保险保费两万以上，就有东西送。用痛苦加大法，比如告诉客户这个产品现在不买就停售了，客户觉得好，就会赶紧买。

第二种做法，保额销售。保额销售是用科学的方法，通过需求分析和非常专业的计算，算出客户的保额，让客户产生更多的购买欲望。比如你可以告诉客户，用你收入的10%买的保险，保险额度将是你年收入的10倍，实际上等于你买这份保单获得了100倍的收益，客户自然会动心，你自然也可以把保单做大。

第三种做法，加强客户的信任度。这就要求与客户有比较好、比较深的交往，他对你非常相信。有时候客户对你不是很熟的时候，不了解你，对你的专业信任度有疑问，买的保险往往比较少。

增加客户重复购买的频率

增加客户重复购买的频率主要靠什么呢？主要是靠优质的服务。这也是我用得最好的方法。我计算了一下，一般客户买四五单是正常的，所以很多客户在我这里买了四五单。我在升经理之前，只有60多个客户，在这60多个客户里，平均每个客户购买的保险有8单。前面案例里的丰总，在我手上就买了21张保单，又在我太太那里买了七八张保单，也就是说在我们夫妻这里一共买了约30张保单。

我有个同事以前非常优秀，每个月都是“钻石”业务员，但是后来他的心态非常消极，觉得做保险太辛苦了。我问他做了3年有多少客户，他说出来的数字把我吓了一跳。我说你的客户都是新客户吗？他说是，因为从来没有一个客户给他作过转介绍，而且这些客户买了一次就再也不买了。于是我给他分析：第一，你的服务有问题，他说自己很少给客户服务；第二，你没有重复要求客户购买。所以难怪他做了3年居然会越做越难做。

总体来说，做业务的方法里，增加客户的额度和增加客户消费的频率，是比较轻松的方法。另外，多用转介绍来增加新客户，也是轻松的销售方法。相比之下，增加客户的数量是最难的方法，因为你每次要开发新的客户，这是非常辛苦的。

第三部分

增员

我们都知道，销售其实就是解决三个问题：第一，客户为什么要买保险？第二，客户为什么要买你们公司的保险？第三，客户为什么要跟你买保险？增员也一样有三个问题：第一，为什么要增员？第二，去哪里增员？第三，怎么增员？

第十章

为什么要增员

增员用来打造属于自己的赚钱系统，把系统打造好了，财富就会滚滚而来。

其实现在普遍存在一个问题，公司有增员方案，比如增到一个人可以奖励去哪里旅游，于是就有人搞增员，而公司没有方案，就没人搞增员。这种靠竞赛推动的增员很难持续，因为他实际上并没有搞清楚为什么要增员。

所以首先要在观念上想明白“为什么增员”。观念上想通了以后，才会有持续的增员行为，这样就不是你要我增，而是我自己要增，这一点很重要。

人和动物最大的区别就是人有思想、有观念。我觉得不管什么社会、什么行业，人的问题都是思想的问题，因为思想会影响他的行为，行为会导致他的结果。所以思想有问题，结果一定不好。只有观念对了才行。为什么说在保险行业，会做增员的人才是真正的成功者？因为做增员，其实就是在做自己的系统。现代人都知道时间就是金钱，而每个人的时间是有限的，或者说是平等的，都是每天24小时。哪怕你再努力，也不可能有25小时，何况总得吃饭睡觉。而只有借助一个系统来替你做事，才可以真正实现时间的延伸，最终实现财富的扩充。

那本很多人都读过的畅销书《富爸爸和穷爸爸》，讲了一个非常好的观念，就是把人分了四个象限：第一个象限是E，代表工薪一族；第二个象限是S，代表自由职业者（小生意人）；第三个象限是B，代表系统，企业所有者；第四个象限是I，代表投资者。

作者把E象限和S象限的人，起了一个名字叫做毛毛虫，因为这些人是发不了大财的。为什么？因为他们靠自己的时间去挣钱，工薪一族就是把自己的时间卖给老板——卖8个小时，老板给他100块钱；卖10个小时，老板给他150块钱。然而他的时间有限，所以他的收入也是有限的。S象限也是一样的，自己给自己打工，或者是小老板、夫妻店之类的。这两类人的时间是有限的，收入自然也是有限的。毛毛虫是怎么死的？毛毛虫是累死的，他用时间去换金钱，最后就累死了。

B象限代表系统，企业所有者，比如台湾首富郭台铭，他是做代工的。我们知道，现在代工有一个比喻，就是干毛巾拧出水来，利润非常低。但是为什么他成为台湾首富？他仅在中国大陆就有120万员工，想想看，即使一个员工一天给他挣10块钱，算算他挣多少钱？所以他成了台湾首富。一次，有记者采访华人首富李嘉诚，问他每天工作多少个小时，李嘉诚说他每一天工作32万个小时。为什么？因为他有4万名员工，他们每天工作8个小时，就是32万个小时。所以他成了华人首富。

在保险行业，为什么主任的收入比业务员的收入高？经理的收入平均比主任高？总监的收入比经理高？原因就在于系统的力量，一个团队如果有10个人，这个主管自己做业务的同时，这10个人也帮他带来收入。这10个人每天工作8个小时，8个小时里可能有半个小时的利润贡献给了经理。而一个总监下面可能有几百号人，他们的系统足够大，所以一个总监的年收入可能达到一两百万。50人是小系统，500人是强大的系统。500人的工厂已经是一个中型企业，经营会比较稳定。小企业的收入经常有波动，而个人做生意则是手停口停，今天不工作，就没有收入了。保险行业的一个好处是给了我们创造一个系统的可能。作为代理人，开始可能比较难做，后来通过招聘其他代理人组建自己的系统，再像滚雪球一样把这个系统慢慢越滚越大，那就挡都挡不住了。我自己从一个人变成10个人，花了两年多的时间；从10个人变成50个人，又花了3年；从50个人变成100个人，只花了8个月；现在已经有400个人。系统达到100人以后就很顺了，越往后这个雪球就越好滚。

I象限是最高境界，就是靠钱生钱。李嘉诚他们都不再靠个人的时间去挣钱了，他们也不只是靠系统，而是把钱投到系统里面，通过钱生钱，这样才真正可以获得财富的自由。所以我有一个梦想，到40岁的时候有1 000万的金融资产，进到中国的富人行业，每年通过钱带来10% ~ 20%的收入，这样每年就有100万 ~ 200万的稳定收入，那么我就可以把时间和精力用来做我自己喜欢做的事情。财富真正的魅力就是拥有财富自由，这就需要我们去打造一个挣钱的系统。因为作为保险代理员，刚来到这个行业里面，可能没有很多资本，如果真的有几百万、几千万的资本，也不会来做保险。但是来到这个行业，我们一定要打造一个团队，创造一个赚钱的系统。所以就要做增员，来打造属于自己的赚钱系统，把系统打造好了，财富就会滚滚而来。

从上面可以看出，对于增员，首先观念上要打通：要挣大钱就要打造系统，打造系统就要从增员开始。自信不是99%，而是要100%！特别是在遇到低谷很落魄的时候，要相信自己的理想，坚持自己的信念，最后一定会成就自己。所以，一定要有这个梦想和决心。首先方向要对，其次就要靠速度。我有一次作培训的时候，讲到成功等于方向加速度——方向对了，速度要跑快一点。现在这个时代不是比成不成功的问题，而是比成功速度的问题，一个人越早成功，就会获得越多的资源，后劲就越足，就会越成功。这都是由观念带来的。

很多人问我：你增员有没有什么秘诀？我说，如果有的话，就是两个：第一个是彻底地增员自己，第二个是彻底地增员自己的组员。把这两块做好，就一定会成功。

什么是彻底？讲一个故事。以前美国有一个表演杂技的，他的水平非常高。有一次他在报纸上登了一个启事，说他在美国的大峡谷走钢丝绳，这种做法并不鲜见，因为很多人都走过。但是这一次，他要蒙着眼睛去走钢丝绳，所以去看的人非常多。那天，他首先问现场观众：你们相信我可以走过这个钢丝绳吗？观众都说相信……然后，他走过了这个钢丝绳，大家鼓掌。接下来他说：我要表演我的绝活了，你们相信我可以蒙着眼走过这个钢丝绳吗？他蒙上自己的眼睛，然后又走过了那个钢丝绳。之后他说：我现在要蒙着眼睛，把我的小孩放在我的肩膀上走过这条钢丝绳，你们相信吗？大家热烈地鼓掌，这一次他又走过去了。

成功了以后，他又问了一个问题，这个问题很有启发性：各位观众，你们真的相信我走过去没有问题吗？再走过去也没有问题吗？

观众说：没有问题，我们看到了。

“你们真的相信吗？”

“相信。”

“真的百分之百地相信吗？”

“百分之百地相信。”

“好，各位观众，谁愿意把你的小孩放在我的肩膀上我走过去？”你可以想象一下，现场没有一个人愿意。如果你在现场，你会愿意吗？所以，那并不是彻底的相信。

那么你相信增员吗？增员可以打造你的赚钱系统，你相信增员可以让你获得未来的财务自由吗？很多人都会说相信。可事实是，很多人在增员增得好的时候相信，遇到低谷的时候就怀疑了。增员低谷时，增到一个人又走了，增两个人也走了。假如你增到5个人的时候升了主任，后来人走了，你又从主任变成了业务员，你还相信增员吗？到时你多半会自问，我适不适合做增员，甚至会进一步怀疑自己到底适不适合做保险。这说明你的内心不是真正地相信——一是自己信心不足，二是信念不够坚定。很多人放弃增员，甚至中途换行业，就是因为没有彻底地增员自己，自己都不坚定，碰到困难就动摇，当然也就不可能成功地增员别人，也就永远都做不大。

如果说我在保险行业有一些成绩，就是我相信保险这个事业，而且是彻底地相信。我升主任用了10个月，当时有8个人，一年以后只剩下两个人，被降级了。当时和我一起降级的有4个主任，后来他们都离开了这个行业，有人去做直销了，有人去开店了，而我坚持下来了，因为我相信增员就是让自己的组织做大，就是打造赚钱系统。当我的组员大面积离开时我并没有失去信心，而是一直在检讨自己：为什么增员会离开？所以2004年7月我开始作组织建设，做一些规划，包括重新完善团队文化。重新规划以后，继续往前走，后来就越来越顺了。

有句玩笑话说得非常好："失败后的总结才是成功的亲妈。"第一，真的要经常总结检讨。第二，要想升经理、升总监，就要在自己的组织里面找到好苗子，要真正把他们的心"增过来"，所以关键不在于这个团队有多大，而在于这个团队里有几个人真正相信增员，真正相信保险，真正把心思放到了保险上面。如果其中有三五个这样的人，那这个团队未来就可能做到很大。要知道有3个人跟你一样相信，就是一个经理架构！

现在可以回答增员的真正秘诀是什么？那就是首先彻底地增员你自己，再彻底地增员你的组员。怎么才算彻底呢？

首先，要有大的梦想。保险和别的行业不一样，因为投入不多，不像开一个店，比如说开一个上岛咖啡，可能要投两三百万。保险投入很少，可能就是100块钱的资料费。也因为钱投得少，所以你可能会不当一回事。而要把保险真正做成功，必须要把它当成大生意来做才行。我最初做业务员的时候，一直在想，要是我的团队有1 000个人，我站在队首看不到队尾，那我多有成就感啊！现在我也在想，如果我有1 000个人的团队我是什么感觉？这个感觉很让人享受。我是一个有梦想、有决心的人，而梦想是成功的发动机，一个人要成功首先要有梦想，特别是对于做保险，有大的梦想才会有大的成就。

其次，要有大的决心。毛主席说，下定决心，不怕牺牲，排除万难去争取胜利。下定决心之后才能把事情做好，连牺牲都不怕了还怕不成功吗？观念想通了以后，方向就决定了输赢。如果方向搞错了，就是南辕北辙，跑得越快，错得越远。这一点我是有切身体验的。5年前我和当时的普通销售员没有什么区别，但我一直在坚持做增员。当年我和蔡林做业务的时候，他的业务比我好，后来我比他好。我增员的时候，他也增员，他的业务员离开以后，他觉得很辛苦，结果就不做了。而我一直在做，因为持续不断地增员，我才有今天的一点成绩。后来蔡林说我和别的同事不一样，因为我做事情很专注，认定这个事情以后会持续去做，所以最后的结果不一样。当年和我一起升经理的，现在只有我的收入相当于3个普通经理的收入了。因为我一直在坚持做大团队，因为方向正确——挣大钱一定是靠系统。现在我和太太是有分工的，我主要维护系统，她主要做业务，这方面她很有悟性，像她做业务这么好的，在整个平安保险公司也就十来个。而大多数的人，恐怕要像我一样靠自己的团队。

最后，速度决定规模。做保险要有规模，就要有速度。到2004、2005年以后，我增员的速度加快了，原来一年只招四五个人，到2006、2007、2008年，每年招十几个人。有了速度，上规模就很快，尽管人员离开是不可避免的。

第十一章
去哪里增员

增员的渠道很多，哪里有生产力就去哪里，一定会有效果。

观念的问题解决了，知道增员就是打造属于自己未来的挣钱系统，可以让自己获得源源不断的财富和财富自由，但是去哪里招人呢？招人的方法是非常多的，各种各样的招聘渠道都有，这里简单列一下：人才市场、报纸、夹页广告、互联网、随机、转介绍、缘故、增员助理等，都是可以用的。可是很多销售员就是因为方法太多了，反而不会增员了。因为各讲各的一套，有人登报纸，有人请助理……方法太多了就等于没有方法，因为没有重点，每个地方你都分散了精力，结果每个地方都是浅尝辄止，没有全力投入，自然不会产生效果。

做任何事要成功、都需要滴水穿石而不是蜻蜓点水，滴水穿石不是水的力量，而是坚持的力量、专注的力量。所以坚持和专注很重要，你要找好几个专门的渠道去做，哪里有生产力去哪里，一定会有效果。

招人一定要依据不同的情况来作选择，并不是哪种方法都适合，否则可能会耗费了金钱和时间，事倍功半。说实话，上面这些方法我基本上都用过，最初招人没什么选择，什么渠道都有，但是人员离开得很快，甚至有的上午来，下午就离职。所以当时成了负面典型，被人笑话。

举个例子。有一次我招来一个人，后来发现此人好像有点神经质。他要我陪他到观澜去见客户，挺远的。到了观澜以后，才知道那个客户早就不在那里住了，听说是在另外一个地方，有四五里路远，他说那个地方坐车不方便，要走路过去。我只得陪他走了四五里路，那天快把我折腾死了。又有一次我陪他见客户，说是银行的，去了以后，我跟客户讲保险，这个客户说："杨主任啊，我们的收入也不高，不要以为我们银行的收入就很高。"这个时候，我的这个伙伴突然冒出一句："杨主任，你不要相信他，他们这些人啊，一年贪污很多钱。"差点没让我晕过去！这个事情给了我很深刻的教训，我不能怪他智商有问题，因为增来这样的人，一定是增员的人自己智商不够。招来的人，有些连吃饭都成问题，来了就向你借钱，50、100的，借了还没得还。这些人在这里生活不下去了，工作没有着落，只是想解决临时困难，当然没有用。

当时我们提了一个很雄心勃勃的目标：让布吉的每一个家庭都成为我们的增员对象！于是不作选择地各种渠道都用，人才市场、报纸，还有夹页广告（比如夹深圳零售量最大的《南方都市报》，还有深圳本地的主流报纸《晶报》，夹了两万张），广告的效果是：电话共接到5个，前来面试的一个也没有。

后来有一天，一个主任跟我讲，他找到了一个很好增员渠道——公交车上的拉手广告。他说在布吉的几条主要大巴线路上，都做增员的广告，每一个找工作的人，每一个抓扶手的人，都会看到我们的广告。我觉得这个方法很好，并叫他千万不要告诉别人，我们先去跟公交公司签合同。当时我们从南岭村到布吉镇、沙湾这一带，选择了4条线，做了12辆大巴的拉手广告，让几个主任共同出资联合起来做，1 000块钱一辆车，做一个季度，一共是1.2万元钱。可是做了以后，一直没有接到什么咨询电话。我怀疑是不是公交车没兑现，就叫他们去看一下，是不是公交车还没挂我们的广告，结果公交车没有问题。最后通过公交广告只招了一个人，是周主任招的，23岁，从工厂出来的。后来我们开玩笑说，这小子还真值钱，花了1.2万元钱的广告才招来。我叫周主任把这个人看好，至少3个月要转正，结果这位“身价”一万二的仁兄两个星期就不见人影了。

后来我们又通过互联网增员。当时我们部门有位刘主任的太太跟我投诉，说家里头搞得乌烟瘴气，日子没法过了。原来她老公每天晚上到两三点钟都不睡觉，没日没夜地在互联网上招聘，用QQ聊天，结果Q了半天也没有Q到一个人。他在网上花了很多时间，但是最后的效果很差。

最近两年，我们在北方聘请专职招聘助理，每个月发底薪加提成，他们去人才市场或通过打电话招聘，或者是在网站上做广告招聘。这种方式比较适合经理或者总监，他们手上有钱，一年花15万、20万，总能招到几个比较好的人。我们有几个上海的总监，年收入很高，请了20个助理，一年能招三四十个人。从投资的角度看也是很好的，但是对于大多数销售员和主管来说都是不行的，因为主管收入并不高，不可能投入那么多资金去招人。所以对于一些收入较高的大主任，舍得花钱去招聘当然是不错的。没钱的话，用这个方法，最后的结果是劳民伤财。

我从2003年开始做增员，到2007年，这些方法都尝试过，现在回头来看，之前的增员就是一部血泪史：花了很多钱，效果却不好，人也没留住。所以在2007年，我升经理以后，就开始反思，我们有没有更好的增员方法？我们做业务的时候，最好的方法，就是缘故市场、随机市场、转介绍市场、目标市场，后来我想，增员是否也可以用这些方法？但是往往我们把简单的东西忽略了，没有去做。有句话说得很好，越是真理越简单。所以后来我尝试去做随机增员、转介绍增员等，效果出奇的好。2008年我增了22人，2009年增了15人，2010年经常外出讲课，花在增员上的精力少了，但也招了7个人。

所以最好的增员渠道就在我们身边，我们每个人都可以掌握，而且成本比较低，收效比较大，效率和性价比很高。

第十二章
怎么增员

增员的方法主要有三种：第一，随机增员；第二，转介绍增员；第三，目标市场增员。

下面我会用许多案例来详细讲解各种增员的方法。

随机增员

关于随机增员，有两个很重要的观点：第一，陌生市场是最大的市场。因为我们每个人的市场实际上都是有限的，而陌生市场无限大。我们为什么不愿意增员陌生人？就是因为害怕，觉得不熟悉，不被信任，不知道从哪里下手，怕被拒绝。

我有一个观念：天下没有陌生人，只有有缘分的人。比如我们的同事，可能进公司前都不认识，但现在是事业伙伴，有的还成为好朋友。什么是缘故？就是一缘之故，认识了就是缘故。特别是在深圳，基本上都是外地人，当然，其他大城市也差不多，都有很多外来人员。全中国13亿多人，能够在电梯里碰见，在吃饭的时候认识，或者在爬山的时候认识，都说明非常有缘分。佛学里面说：两个人这一辈子眼睛看眼睛看一次，说明上一辈子有500次的回眸。所以这辈子两个人能够见面，说明彼此的缘分是很足的。

第二，一招鲜，吃遍天。这讲的是方法。前面讲了两个陌生人遇见就是缘分，但要把缘分转化成为商机，一定要掌握正确的方法。

首先，就是赞美。关于赞美，前面专门讲过，赞美是我们每个人都应该掌握的基础技巧。销售里有一句话："没有赞美不要开口，没有故事不要销售。"所以做销售一定要学会赞美，学会讲故事。为什么要用赞美开头？因为一个人在被赞美的时候最没有抵抗力，甚至智商都会下降，会更容易接近他的内心。

其次，是标签沟通法。沟通的方法有很多，我觉得有一种很好的沟通方法——贴标签，就是你希望对方呈现什么样的状态，就要给他贴什么样的标签。比如说我们在家教育孩子就经常这样，这个小孩比较调皮，你就赞美一下，说这孩子最近表现比原来好很多了，越来越乖，慢慢地他就会乖；如果你说他调皮，他可能就表现得更调皮。同样，如果和陌生人聊天时对他说："我感觉您是一个非常有修养的人，而且我看得出来，您也是一个非常大方、喜欢帮助别人的人。"这个时候对方可能真的会变得有修养，而且他愿意去帮你。这个方法不仅可以用到增员上，用到业务上也非常好。

再次，要针对这种陌生的客户分析需求，对症下药，创造价值。

最后，要持续跟进。很多人说增员就是一个字："摇"，在不同的场合、不同的时间"摇"。就像一棵大树，如果用刀去砍可能不一定会倒，但是用一个小锯子一直锯，总有一天它会倒下。增员也是一样，目前他很稳定，人际关系也融洽，不会考虑来做保险。但是他会变动工作，可能过段时间换公司，可能最近上司对他不好，可能最近想改变行业，这时增员机会就来了。所以增员可能跟进3年5年的都有，要持续观察增员对象的动态，期间不断展示自己在保险业的成绩，最后优秀的人终会被你吸引过来。

下面我想用一些真实的案例来进一步说明随机的增员方法，希望会对大家有更多的帮助。

案例一：对直销员反增员

我增员过一位曹先生，叫曹光华。

有一天我回家比较晚，大概晚上10点钟左后，回到我们小区的时候，突然从我旁边走过一个人，速度很快。我一看这个人是个男的，提了一个很大的包，突然就有一种想认识他的冲动，我快步追上他说：这位先生，你走路怎么那么快啊？他说习惯了。接下来就很重要了：赞美。我说：先生，你要么是老板，要么是个业务高手。他就说我很有眼光，一看就知道我是做业务的。我说他走路很快，而我之前的"老大"跟我讲过，走路快的人，行动力强，而行动力强的人都是成功人士，很自然地又给了他一个赞美。他果然很开心，夸奖我很会说话。然后我问他是哪里人，姓什么。他说姓曹，江西人。讲到这里就要贴标签了。于是我对他说，我最喜欢跟江西人交朋友，因为江西人特别有抱负，是很有想法的一群人，从他的身上就可以看出来。他听了很开心，主动递给我名片，一看原来他是安利公司的。他也问我是做什么的，我说做保险的。后来他就约我，问我周三或周四见面是否方便。用和我们同样的方法邀约我，原来他想招我进安利。于是我对他说，这两天不方便，叫他周五再联系。这个时候就很有意思了，有点像两军交战，斗智斗勇，互相都想招降对方，不但要特别注意“战术战略”，而且要一战到底，分出胜负。

有句话说得好，一鼓作气，再而衰，三而竭。星期五他果然给我打电话了，我又对他说抱歉，临时有个重要的事，叫他第二天再联系。于是周六他的电话又来了，他越给我打电话，我越开心，说明他做事很有决心，这个人我一定要增过来！于是我们约好星期天下午3点在小区旁边的餐馆见面。那天去的时候，我发现餐馆里面还多了一个人，我估计是他的师傅，肯定是约来跟我谈的。我坐下来，首先说自己在直销公司里最佩服安利，因为安利是全球直销的老大，先给他们一番赞美。然后又告诉他们，我读大学的时候也做过直销（这是事实，我大学期间做了两年直销），不过现在对直销已经没有兴趣了，但是认识你们还是很高兴。他们问为什么不感兴趣了？这时候我就说自己现在做保险，从形式上来讲类似于直销的做法，但是比直销的方式、模式更先进，而且市场需求大，更有前途。我简单地介绍了一下保险，介绍完以后，他们也觉得保险比直销好。不久，曹光华就过来跟我做保险了。后来他的师傅还向他买了一份保险。

比较遗憾的是，曹光华后来出了一点事，没做了。这个增员案例就是通过关注一个走路快的人，增了一个人，但是这样的案例一定要注意时间地点。有人跟我说，用我这个方法不行，他在路上碰到一个人，问人家走路怎么那么快？结果人家说他神经。所以一个方法要看用在什么地方。一般在小区走路都是比较慢的，而且有灯光，也有很多人，你去问人家是没有什么问题的。但是如果你半夜在大街上冒昧地去问别人，那会吓着别人的。

什么是拒绝？就是因为在不合适的时间找了不合适的人，说了不合适的话。

案例二：增员酒吧经理

这是一个在酒吧的增员案例，增员的对象叫胡志勇。我有一个观念，我在哪里消费，就要在哪里寻找生产力，要么有增员，要么有业务，要么有转介绍。出于职业习惯和敏感，我见到一个人经常会有三种想法：第一，这个人可不可以成为我的增员对象？第二，这个人可不可以做业务？第三，这个人可不可以为我作转介绍？

有一次，因我一个朋友过生日，我到了新亚轩酒店。在大厅消费的时候，有服务员过来给我倒水，我本能地判断这个小妹肯定不是我的增员对象。增员别人，就是要解决他就业的问题，或者是发展的问题。直接讲保险对方多半会有压力，而讲未来的发展，你讲起来没有压力，他听起来也没有压力。所以我当时就赞美了一下这名服务员，说她很漂亮，然后请她把她们的经理叫过来。她问找经理有什么事，我说有一个老板找他，想跟他谈一些业务，又趁机问她经理贵姓，是哪里人，先从侧面了解一下他的大概情况，便于在沟通中掌握主动。她告诉我经理姓胡，是四川的，于是就去叫经理。

过一会儿，胡经理过来，一表人才。他很有礼貌地跟我打招呼：“先生您好，我是这里的经理胡智勇，请问怎么称呼您？”我说姓杨。他就叫我杨老板，问有什么可以帮到我。于是我告诉他我是平安保险公司的，因为经常会有客户过来消费，自己也会经常过来消费，问他能不能帮我办一张贵宾卡。他说这里现在没有贵宾卡。我又问他以后过来消费能不能帮我打个折？他说打折没问题，并很客气地叫我杨哥，吩咐服务员拿几瓶啤酒免费送给我，然后就坐下来陪我们喝酒。看得出来他很会做生意。喝酒的时候我就想，这个机会很重要。于是开始和他拉近距离，问他是哪里人，他说是四川人。我进一步问是四川哪里的，他说是南充。我说南充是个好地方，在深圳这个地方，四川人很成功。他听了显然很受用。于是我问他这个店的销售额（作需求分析的做法）一个月能做多少，他说一个月能做到100多万。我又笑着问他，一个月帮老板做到100多万，自己一个月能不能拿到十几万？他有点不好意思地说，杨哥，你真会开玩笑，哪有那么高。

我当然知道他的收入肯定没有那么多，这也是一种赞美的技巧，有意把他的收入拉高，给他造成一定的心理压力。于是我说，要是我们老板的话，只要做到100多万，我们也可以拿到六七万。“一个月100多万业务，可以拿到六七万？”他有点不太相信，说他们只是这个数的零头。我后来知道他一个月的收入就是七八千块钱。于是我接着问：你们这个行业，能不能干到60岁退休？其实这是明知故问，因为一般酒吧经理是有严格要求的：第一是要年轻，第二是要有关系。我这是进一步激他。他说："杨哥，不怕你笑话，我们这行是吃青春饭的，干一天算一天，我们也不知道能干多久。我能给老板创造价值，老板就要我做，有一天做不动了，就不做了。"这时候我就顺势说，那你这个工作要好好考虑一下，你应该规划长远一点。

中国有一句老话：三十而立，四十不惑。深圳有一句话，叫做三十不立，四十不富，五十六十寻死路。他说自己没有什么学历，高中毕业，不知道能做什么，一个月能拿七八千已经不错了。这时候我对他说：你觉得杨哥这个人傻不傻？他说：肯定不傻了。于是我语重心长地告诉他：我也不是要你放弃现在做的，来做我们的保险。我觉得你这个年龄，刚刚30岁，正好是"三十而立"，应该好好思考一下接下来的人生路该怎么走。我们星期六在平安大学有一个职业规划的讲座，你可以过去听一下。我又强调说：我不是要你去做保险，你是成年人，现在做得也不错，保险适不适合你做，你自己是有判断力的，但是了解一下对你绝对是有帮助的，至少如果你买保险，了解一下保险公司有好处。你做不做保险和我没有关系，我们认识是个缘分，以后我们生意上可以合作，我可以带客户给你，反正你只要给我便宜的折扣就可以了。

我这么说，是有两点信息传递给他：第一，我对他有价值，让他要掌握这份价值，他觉得如果不去参会可能会失去生意。第二，我给他减压，并没有直接建议他去做保险。为什么很多人增员时约不到人？就是因为给对方的压力太大了。周六他果然去听了，听了以后表示平安大学让他震撼，没想到平安大学那么漂亮，课也讲得很好，并且直接问我怎样才可以进来。这个案例就是通过创说会把他邀约过去，他的想法就改变了。

值得注意的是，我们在跟别人沟通的时候，一定要记得零风险承诺。任何事情都是这样。比如说沃尔玛总是写着：天天低价。然后还承诺说你发现我们的商品比别人同样的商品贵的话，差价双倍返还。想一想，有几个人会去认真比较价格？这种承诺实际上是商家的策略。我们做业务、做增员也是一样，有时候业务和增员做不好，就是因为给对方的压力太大。所以我们首先要给他一个承诺：你去了我不会强迫你，做不做是你的事情，买不买保险无所谓。但是他真的去了现场，就会有所触动。这个胡智勇就是这样增过来的。

胡智勇进来以后做得很不错。比较可惜的是，后来他姐夫在家投资开了个小公司，叫他回去当总经理，所以他最后离开了平安。

案例三：增员业务经理

有一个很好的增员群体，就是其他行业的业务经理。增员其他行业的业务经理主要有三个好处：第一个是他们从观念上能接受做业务和保险，不需要灌输太多理念；第二个是他们有业务经验，掌握了一些推销技巧，比较容易进入角色；第三个他们有比较多的客户资源。所以增员其他行业的业务经理是一个很好的做法。但要注意的是，一定要找比较成熟、有一定能力的业务员，有些做业务的整天东奔西跑，甚至居无定所，因为他们并不安心做业务，多半是找不到满意的工作没办法才来的，这种人一定不能要。

先来说说增员刘严令。当时我去给一家公司作培训，于是认识了一些学员，刘严令就是其中之一，因为他提问比较机智。看得出他是一个很机敏的人。当时他在那个公司做销售主管，是一个团队的负责人，一个月拿3 000块钱，算是做得不错，因为一般也就是一两千块钱。

于是我故意把他的期望拉高，问他：小刘，你做得这么好，又是公司优秀员工，一个月能不能拿到1万多块钱？他说哪有那么高。我就激他说，你们老板很小气啊，要是在我们公司，你做这么好，至少可以拿到两万。他将信将疑地问：平安保险有那么好？看到他有了兴趣，我就说，你从老家来到这边，是不是希望有更好的发展机会？其实我不是要你去做保险，做保险不是你唯一的选择，你可以去外面找找更好的机会。我又打了一个比方：一瓶可乐放在超市也就卖两块钱，而放到西餐厅里卖8块，放到五星级酒店要30块，可乐还是可乐，30块和2块的可乐是一样的。为什么差别有十几倍？因为放的位置不一样。人也是一样，如果换个位置，你的价值就会不一样。听我这么一说，他有点无言以对。我趁机说，我们周六有一个女老师讲课讲得非常好，你去听一听，可以开拓一下眼界。一个人关键是要改变自己的观念，接触一些新鲜事物，对你未来的职业发展是有帮助的。我保证一定不会要你来做保险。听我这么说，他就放心去了。听了以后，小刘后来主动找我要做保险。这就是借力。

我还增员了一个电信服务经理，叫王小惠。她是怎么增来的呢？我用的是CDMA的手机，当时我是联通的VIP客户，小惠是我的客服经理，她每个月都会发短信提醒我：话费快用完了，请尽快充值。有一天，她又发了条短消息，我当时突然想，这个女孩子服务挺好的，就想把她招过来。因为她短信的落款都是小王，于是我给她打电话，叫她小王，她接电话，问我是哪位。我说：你每天都给我发短消息，还不知道我是哪位？她就问我是不是她的客户，她服务的客户比较多，就问我的名字。我说我姓杨，于是她问我有什么事情。这时候我开始说了：每次收到你的短信都感觉非常温暖，我想找你们的领导，想跟你们领导讲一下，像你这样优秀的员工一定要得到表扬和奖励。这其实也是一种赞美。她就说我太客气了，这是她应该做的。我说她的表现真的很优秀，问她是不是公司的优秀员工，她说去年是优秀员工。我又说，优秀员工应该工资很高吧，一个月能不能拿一两万？她告诉我没有那么高，一个月只有两三千块钱。我就半开玩笑地说，你们的老板太小气了，如果你来我们公司的话，表现这么优秀，至少可以拿到一万五。她好奇地问我们是什么公司，我说是平安保险。她一听就说，真的不好意思，保险我做不好，我没有人际关系，又不会说话。

这时候我有意识地开始给她减压，叫她不要那么紧张，我没有让她去做保险。接着开始贴标签说：小王，虽然我没有接触到你，没看到你本人，但是我通过你的谈话，觉得你是一个非常积极、上进的女孩子，而且是一个不甘平凡的人。这种话是中性的，她听后很开心，说自己还真是挺上进的。于是我告诉她，我们当周有一个讲座，是一位女老师，之前的起点跟她一样，是一个普通的工作人员，现在一年能赚100多万。别人可以做得到的事情，相信她也可以做得到。叫她周六出来了解一下，做不做保险她自己判断，不做也可以寻找外面更多的机会。我还特意告诉她，这次她过来我还要介绍几个人给她认识，希望能成为她的VIP客户。因为她们当时办这种VIP卡是有提成的，那时候在推广期，所以我对她是有价值的。她肯定会想，这个人可以给我介绍客户。

最后我要打消她的顾虑，就是要对她零风险承诺。因为我们没有见过面，一个大男人她肯定会有担心，而这次讲座的地点在福田区的金盾影剧院，要凭票入场，而票是要花钱买的。于是我叫她自己直接去会场，而且是免费的，因为经常收到她的提示短信很感动，所以给她这么个机会。说到这里，她几乎不可能拒绝了，表示星期六一定过来。后来通过我们的持续跟进，就把她增进来了。

案例四：增员推销员

很多保险代理人存在一个问题：自己本身是业务员，但是却害怕被别人推销。如果你自己都不太理解推销员，说明你对自己的工作不自信。我刚开始来做保险的时候也是这样，遇到别人打电话向我推销，我就会不耐烦。后来我突然想到：这些人来向你推销不是送上门来的业务员吗？他送上门来推销，我就给他讲增员。

2008年末的时候，我接到一个电话，对方开口就叫我杨经理，然后说他是某印刷公司做挂历的。他在沃尔玛碰到我们的业务员在摆咨询台，听说我们每年要用很多挂历，所以想看看是否能给我们提供一些产品。我就叫他过来面谈。一会儿他就来了，是个很年轻的小伙子，才19岁。当时我就想这个人肯定不适合增员，这么年轻的人做业务，工资一定不高，公司也应该不大。于是就问了一下他的大概情况，他说自己已经做了一年多的业务，他们公司加上工人也就二三十个人。于是我问他老板是哪里人，他说老板是湖北人，他是湖南人。正好我太太是湖北人，我是湖南人，这时候我感觉到他的老板倒可能是一个不错的增员对象。于是我告诉他，我们平安是很大的公司，我们要货量很大，肯定要给我们优惠，叫他把老板约过来，我直接跟他老板谈。

后来他真的把老板带过来了，老板姓伍，我对他说："大哥，听说你是湖北人，我和湖北人最有缘分了，我老婆就是湖北人，我也有很多湖北的客户。'天上九头鸟，地下湖北佬。'湖北人真的是我们学习的榜样。"他有点不好意思地说："谢谢你的赞美，其实在深圳有很多人不太喜欢湖北人。"

然后我问他带样品过来没有？他说样品带得不多。于是我简单讲了一下我们要做多少量，叫他回去以后，整理一些样品过来，我们改天再聊。过了几天，我打电话叫他过来一下，他很快就过来了，还拿了好多样品。我有意把情绪缓下来，对他说，刚才在电话里面不太好讲，有一个事情，我直接带他去看一下。于是带他来到秘书办公室，他一看就明白了，因为这里已经有挂历了。我告诉他，本来想跟他做这个生意，但公司现在有一个部门专门负责做挂历，所以真的是帮不上忙。这时他的情绪有点低落，但还是很客气地说，做不做生意没有关系，大家还可以是朋友。于是我叫他到我办公室坐一下，先喝杯水，平息一下他的情绪，接着便不紧不慢地和他聊了起来。

我说："大哥，我想说句不该说的话。"

"什么事儿？"他问。

"我发现你的挂历比保险要难卖得多。"

“是啊，我们这个行业竞争很激烈。”

“我冒昧地问一下，做挂历生意一年大概能挣多少钱？”

“真挣不了几个钱，混口饭吃。”

“几十万应该没问题吧？”

“没有，就一二十万，很小的生意。”

“你们做挂历一年也就做那么一个季节，平时应该不是很忙。我觉得人不能在一棵树上吊死，很多像你这样做小生意的，都在兼职做保险。”我这么说，是要首先在心理上给他降低难度，因为他这样的人，不可能一开始就把生意都扔掉来做保险。我跟他这么讲了以后，他觉得我讲得不错，过段时间还真的就来做了。但是后来又离职了，不是因为他做得不好。他原来在老家是教师，停薪留职出来的，这边的印刷厂是和别人合伙一起做的，有两三年时间，感觉生意不好做。现在停薪留职期限到了，家里又放不下，所以就回去了。如果他能留下来一定会做得很好，而我们必须持续增员才能做大做强团队。

后来有一个推销信安易贷的信贷员找上门来推销，这个信贷员姓温，而我很快就把他增员过来了。我们经常会碰到一些推销贷款、推销房子的，他们来办公室就是送上门来的业务员，为什么不见呢？让他来见，只要聊得来，就可以和他保持联系，因为我们不管是增员，还是做业务，首先就是要拿到名单，没有名单的话，就是巧妇难为无米之炊。既然他愿意上门，成与不成都是一笔资源。

还有一个增员王周玉经理的故事。当时我跟太太在东大街摆咨询台，王周玉和她老公经过我们的摊位，并没有问我们，可能是我的眉毛他们觉得很有趣，夫妻俩一边走一边议论，走过去十来米的时候回过头来看了我一眼。这时我就让我太太去把他们叫了回来。我问他们是哪里人，他们说是四川人，我说四川人豪爽，有闯劲，我们最喜欢和四川人交朋友。又问他们在哪里高就，她说自己现在暂时没做事，她老公在一个石材厂上班。于是我们邀请他们去听创说会，就这样王周玉后来进来了。一个回眸就增了一个优秀的人，可见处处留心皆机会，我们一定要把握每一个增员契机。我太太在这方面的意识非常强，所以她的团队也日益壮大。

案例五：增员小老板

其实前面增员伍先生的案例，也算增员小老板，只不过是由推销员引起的。而下面这个增员餐馆老板周小红的案例更有意思。这个案例是在餐馆吃饭时，给我弟弟讲怎么增员，当场示范就把这个餐馆老板给增进来了。

那时候我弟弟老是增不到人。其实他认识的人比我多，车险业务一年做到一二百万保费，而我2007年以后主要在作管理和培训，已经很少做业务了。有一天我们在公司后面的美食街吃饭，我就问他，做了那么多车险，认识那么多人，为什么增不到员？他说别人都做老板，谁来做保险？当时我有点赌气地说，我现在就给你把这个小餐馆的老板增进来，你信不信？他将信将疑：怎么招？于是我又如法炮制了一遍增员酒吧经理胡智勇的做法。

那是家湖南餐馆，于是我问服务员老板是不是湖南人，服务员说是。我就叫她请老板过来一下。增员的时候，首先要挑好对象，最好的对象是店里面的店长、经理、老板或者老板娘，这个逻辑要弄清楚。一会儿，老板就过来了，很客气地问我有什么事，我问他这里可不可以送快餐，他说可以送，我就说自己是平安保险公司的，就在前面的汇洋宾馆，问他可不可以送到我们那里去，他连忙答应可以。于是我叫他改天给我们送一些资料过去，因为我们业务员很多，如果真送起来，生意很大。他一听当然会动心，我就进一步拉近距离，开始问他：周老板，听你店里的小妹说你是湖南人，是湖南哪里的？他说是新化人。于是我开始赞美了："我感觉你不像新化人。"

"我真的是新化人。"他说。

"周老板，你是我见过的新化人里普通话说得最好的。"我继续赞美。

他很开心地说："你很会说话。"

我说："真的，新化人讲的普通话别人都听不懂。"又说："你看起来年龄不大。"他说26岁，做生意做了4年。

"你真是年轻有为啊，为我们湖南人争光了。我们很多人26岁还靠父母亲养呢，你很了不起。"赞美之后，简单聊了一下，他很开心，就互相交换了名片。最后我告辞，叫他第二天到我办公室来。

回去以后我准备了一套李浩经理的工资单，等他来。营销就是这样，你要有准备，如果没有作好成功准备就等于准备失败。因为我那时候的工资单不是很高，2008年大概是60万，而李浩有一个月的工资是27万！

小周来了以后，我跟他聊了一会儿，然后给他看李浩的工资单。

"27万！你们不错啊，做保险一年能挣20多万。"

"小周，你近视吗？"我故意反问。

“没有，我不近视啊。”

“那你再看一下。”

“一个月？一个月27万！打死我都不信，做保险能挣这么多钱。”小周显然没有想到，情绪有点激动。

于是我平心静气地对他解释：并不是每个人都能挣到这么多钱，也不是刚来就能挣到这么多钱。我又拿出我最初的工资单给他看，诚实地告诉他，我之前才拿一两千块钱。刚才这个李浩是我们“老大的老大”，他现在一个月拿20多万很正常，还有比他更高的。这时候他相信了，也有点动心了，说你们做保险还真的有点搞头。我趁热打铁地说，一般小餐馆挣钱也是很难的，问他那个小饭店做得辛苦不辛苦，他说很辛苦，压力很大。我说人不要在一棵树上吊死，现在很多像他这样的老板选择兼职做保险，我们团队中有20多个像他一样有抱负的老板。因为做保险很简单，早上过来开个会，一天两个小时，做的业务比花8个小时工作的普通业务员要赚得多，因为他们有比较广的人脉关系。更关键的是，哪怕他们最后不做保险了，而在保险公司学的东西，对小店的管理会有非常大的帮助。他连忙说是。我告诉他，如果他过来学习，一定会很有收获，而且不会影响他的生意。

他觉得有道理，但又顾虑自己学历不高。我连忙打消他的想法，告诉他这个行业看的是能力，不是学历，叫他认真考虑一下。他表示有时间过来深入了解一下。不久他回了一趟老家，从老家回深圳后就打电话给我，说已经把那个小饭店转让了，要过来做保险。这个案例让我弟弟心服口服，再也不敢说增不到员了。

这些案例说明了增员的随机化。其实市场无限大，处处留心皆机会。

但是这里有一个观念一定要打破：很多人觉得费尽九牛二虎之力增进来的人，后来又离开了这个行业，他的意义在哪里？其实这个人是很有价值的，因为没有目标的人可以帮助有目标的人去实现目标，他是来帮助你完成你的使命的。我自己就有亲身的例子：我增了5个人，他们把我“送到”主任的位置上；再增5个人，我又升到高级主任。我当初升主任时增来的人后来只有一个人留下来——就是我太太；升高级主任时也只留下来了一个人，就是刘江鸿经理。但是这并没有影响我的团队继续发展壮大，个人业绩也在上升。这就是领导的特性。

什么是领导？就是别人都倒下了你不倒，你就是领导。就像一个工厂一样，开工的时候那些工人会不会一直跟你干到老？不可能，干了一年两年，有些人转行，有些人回老家种田去了，但是你的工厂慢慢做大了，慢慢又有一些工人进进出出，但你一直是老板，你有一个铁打的营盘，铸就了你的基业。增员就是这样，有的人有一个误区：增来的人又都走了，最后有什么用？我现在可以告诉你：离开的人把你带到了一个新的高度，这就是增员的价值所在。

转介绍增员

人分四种：第一种是聪明的人，第二种是精明的人，第三种是高明的人，第四种是英明的人。

有一个说法，世界上95%的人都是聪明的，天生是傻瓜或者是天才的人，毕竟是极少数。大多数人都是聪明的人，智商都没有太大的区别。

“精明的人”是什么意思？精明的人就是把聪明太显露在外，这个人一看就很聪明，给别人很精明的感觉。

高明的人就是把聪明藏起来的人，他懂得借力，是大智若愚的那种人。

英明的人有魄力，能够看得很远，一般是领导人。比如毛泽东，他是英明的领导人。

从保险来讲，会作转介绍的人就是高明的人，因为他会借力。我在读高中的时候，看到《读者》上有一个故事（我是《读者》的忠实读者，从高中到现在，几乎每一期的《读者》杂志都要买），对我的启发特别大，后来在我们部门讲课的时候我经常引用。

这个故事是说，有一个爸爸，为了训练孩子与人合作或者说是借力的智慧，在孩子六七岁时就开始有意识地培养他。有一天，爸爸把孩子带到一个沙滩上，沙滩上面有一个七八十厘米深的坑，爸爸搬了一块很大的石头，大概有二三十公斤，把石头丢到那个坑里面，然后对孩子讲，如果他能把这个石头弄出来，就满足他的一个愿望。儿子听了很开心，于是就去搬石头，他搬不动，然后就拿棍子去撬，弄了十几分钟，满身是汗还是弄不出来。爸爸就问他到底能搬出来吗，儿子回答说这个任务太难了，他把吃奶的力气都用上了，确实没办法。爸爸问：“你真的用尽所有的力气了吗，”儿子说是。爸爸又问：“你再想一想有没有别的方法？”儿子回答说真的想不出办法了。于是爸爸说：“儿子，为什么你不叫爸爸给你搬出来？”

这个故事看完了，相信每个人都会觉得答案既出乎意料，却又如此简单。这个故事告诉我们，有时候个人的力量是很有限的，可以借别人的力量来帮你做一件事情。我们一个人做事情之所以成就不大，就是因为只看到自己的力量，没有借助他人的力量。

这种做法用在保险上，就是转介绍。有一本关于保险的书，是一位美国寿险业的冠军写的《最高行销机密》，书里面就是在讲：转介绍。他做业务主要是通过转介绍，然后用转介绍去织网，一个客户延伸一个客户，不断做转介绍。会做转介绍的销售员，不但业务做得好，而且增员也做得好。但我们很多销售员却很少用转介绍做增员。

近两年，我80%的增员都来自转介绍，不但一年的留存率能够达到70%以上，而且增来的人80%都比较绩优。我把增员分为两种：第一种是贫民式的转介绍，就是一般的转介绍；第二种是“王室”的转介绍，就是特别好的介绍，比如是朋友介绍的，而影响力中心的介绍就属于这种。

案例六：找身边人转介绍

卖光碟的老陈帮我介绍了一个人，是个叫曾林的女孩，也在卖碟。因为老陈给我推销光碟，接触久了我们比较熟。一天我对老陈说，最近自己压力比较大，老陈问我是不是业务的压力。我告诉他做业务我不怕，因为去年做得比较好，公司希望我今年再接再厉，做一个榜样，要求我至少招10个人以上。而我现在事情多，又要开会，又要陪我太太见客户，时间实在是分不开。我问老陈，他天天在外面跑，能不能帮我介绍几个合适的人来做保险，他答应替我留意，于是我很认真地对他说这可不是开玩笑，叫他一定帮我想办法。因为我是他的客户，所以要给他提要求。后来每次见面，我都跟他聊一聊，问他有没有找到合适的人，他答应一定帮我找到。

过了不久，他告诉我，他和帮他刻光碟的一位女老板比较熟，要不要把她介绍给我，我说很好，于是他把那位年轻女老板的电话给我，也就是曾林。接下来我就联系了曾林，得知她其实刚刚考了保险代理人证，正准备去另一家保险公司，并且已经办了入职手续，但是还没有正式开始卖保险。我还是没有放弃，就像追一个女孩子，人家已经订婚了，但还没有正式结婚，就依然有机会。于是我问她：好的行业里面有好的公司，也有不好的公司，你认同这个观点吗？她说认同。我就约她第二天到我办公室来坐一下，我说不会要她一定来平安，我只是想客观地让她自己作一个比较，觉得哪家好就去哪一家。我相信她肯定有这个智慧，有自己的判断力。她说没必要了，那边的钱都交了。我又提醒她，等进了那家保险公司，已经卖了保险，再想转公司的话，难度就很大了：第一，对客户没办法交代；第二，对自己有较大的损失。现在还没有卖保险，假如觉得平安公司更好一些，那边是可以退的，一点损失都没有。只要花10分钟时间过来，保证会让她有收获。我说我和老陈是很好的朋友，请她相信我，明天无论如何过来一下。见我态度十分诚恳，她终于答应过来。

其实电话邀约没有想象中那么难。但是一定要切记，我们打电话的目的就是约别人见面，所以打电话说话要很到位。可以说我打电话基本没有约不到的人，因为我要想办法给他创造价值。

第二天曾林来了，于是我给她从公司的品牌、平台、市场占有率，以及平安保险公司未来的发展等方面作了比较。介绍完以后，我特别告诉她，刚才讲的这些都是事实，因为市场份额是可以查到的，而公司的平台是她亲眼看到的，问她觉得哪家公司更好。于是她说，按照我说的还是平安保险公司更好。我又对她强调，不是按照我说的，而是你自己觉得到底哪个更好。她承认是平安更好，但是她去另一家公司的推荐人是她的客户，那个人对她很好，连她考保险代理人资格证的辅导书都是那个人买的，她要对那个人负责。于是我顺着曾林的想法问她，一个人应该是对自己负责任还是对别人负责任？她说当然是先对自己负责任。我告诉她，我认为应该是对别人负责任。她问我为什么这么说，我告诉她："你现在对推荐人负责任不是对别人负责任吗？其实你以后卖东西的时候给她优惠一点就可以了。而选择重于努力，你自己考虑吧。"说到这里，曾林马上明白了，就这样进了平安保险。

这个案例说明，对于准增员对象，一定要设计好问题问他们，要引发他们思考，让他们无法回避选择，并最终作出决定。前面这个例子，曾林回答要对自己负责，而我并没有就此要她选择平安保险公司，因为在交谈中感觉她很重人情，抹不开推荐人的面子。所以我就顺着她的心思，说要对别人负责，但是给她指出对别人负责可以用另外的方式，这样对自己负责和对别人负责的选择并不矛盾，当然是一个两全其美的方案，所以她很自然地就接受了。

再举一个保安给我转介绍的例子。有一天我看到我们公司新来的一个保安大哥我不认识，于是就向另一个保安打听那个人是不是新来的，他说是新来的任队长。于是我过去跟他打招呼，自我介绍说是四楼平安保险的杨经理，并且半开玩笑地对他说："任队长，你来了汇洋大厦就有救了。"他不解地问我为何这样说，我说："一看你就是很踏实的人，是个做实事的人，所以看见你就觉得有安全感。"他听了很开心。然后我了解到他当过兵，是从深圳一个国有企业下岗的，就对他说："大哥，你条件不错，难道甘心做保安吗？"他说："这边物业公司的老板是我的朋友，他对我很关照，所以短时间我不会离开。"于是我叫他有适合的人介绍给我来做保险，他满口答应。要知道承诺就是一笔未还的债，一开始他应该也没有当一回事，只是顺口应承下来。之后碰到他我就说"任哥辛苦了，有没有帮我找到合适的人"，他总是说在找呢，后来我问了大概六七次，他开始扛不住了，总是不好意思地说我问得他压力好大，并表示2009年上半年，一定帮我招到一个人。到了2009年上半年，他还真的帮我介绍了一个人。所以，做保险一定要敢开口提要求，一定要养成转介绍的习惯。

案例七：同事之间转介绍

还有一个很重要的转介绍途径，常被很多人忽略掉，就是内勤和同事之间的转介绍。其实内勤有很多资源，就看你有没有找到和把握住。我太太用这个方法签了很多内勤的单，有分公司的，也有总公司的。也许有人会说因为她是经理，然而保险公司经理很多，又有多少经理签了内勤的单呢？

同样，培训部的老师、营业区的人都可以做转介绍。我增的优秀新人王宗明就是公司一位内勤领导的丈夫。车险专员陈少梅也给我介绍过一位优秀的新人，因为她的生意很忙，所以暂时没有进来，我已跟了两年，我相信终有一天她会进平安保险公司的，一定要持续跟进，随时了解准增员的情况。

同事之间的转介绍往往是最容易被忽略的。我去全国各地讲课，发现使用这个方法的人很少。所以我有一个习惯，课后会要求学员转介绍。其实同事介绍的增员质量很好，我有3个新人都是同事转介绍的，她们是林盟、王彩兰和徐素。

林盟是南山区的李素娟经理介绍给我的。林盟自己主动想做保险，就住在布吉，所以进公司非常顺利，后来也是非常优秀的同事。

重点讲讲王彩兰和徐素。

王彩兰是我去深圳宝安区沙井街道讲课时一个业务主任介绍的。那天讲完课以后，我就跟一些学员讲："以后有在布吉的朋友可以介绍给我，我的电话号码是××××，谢谢！"下课后就有一个女生跑过来，说我的眉毛长得很有意思。我便借机赞美她一番："你的气质很不错，应该是个主任。"她说："你很有眼光啊，我就是个主任，我叫王胜连。"我说："你应该有在布吉的朋友吧！"她说："有啊，我有个同学叫王彩兰，之前给布吉的经理介绍过，可他没怎么跟进。不过我同学也有些顾虑。"于是我向她要来王彩兰的电话，回去跟进，跟进情况向她汇报。

当天我回到布吉就和王彩兰联系了，王彩兰说，有很多人都跟她讲过保险，可是她觉得自己口才不行，担心做不好。这至少说明她没有抗拒保险，而且多少有一些做保险的意愿，只是认为自己条件不够。于是我进一步和她交谈，得知她经营纸箱业务，时间比较自由，也有较好的人脉，于是我想要给她塑造价值，就说："王老板，布吉有100多万人口，我打通你的电话，听到你的声音，你说我们俩有没有缘分？"她说还真有缘分，只是最近确实比较忙。我就明确告诉她，我们见面不一定要谈保险，我的客户非常多，有些客户可以介绍给她，多个朋友多条路。见我这么说，她就约到晚上6点，她回布吉就来我办公室。

6点钟她准时来了，我想必须把握这个机会说服她。于是对她说，你们这个行业，我不是很了解，但是我感觉纸品利润并不高。她问我为什么这么说，我就分析起来：做纸箱技术含量不高，所以门槛比较低，很多人都可以做，竞争一定很激烈，肯定要打价格战，应该利润不高。她点头称是，我趁热打铁地说："我原来也是做生意的，后来我知道，做生意的人应该给自己准备一个备用胎。你过来做保险，有什么担心吗？"她说担心做不好。我说："做事情要判断，我做它最坏的结果是什么，你把这一点搞清楚就不怕了。假设你做保险，好的结果是你可能重新开创了一个事业，做得很成功。因为你纸箱业务做得成功，所以做保险一样可以做得很成功，我们这个行业就是快速把人脉转化成钱的一个行业。人脉多，钱就多。而最坏的结果是你做了半年不做了，而你在平安免费学习了半年，学到了很多东西，对自己也是一个全面的提升。所以即使是最坏的结果，你也赢了，你说对吗？"她说有道理。于是我叫她给自己半年时间，这半年打麻将也是过，尝试一下新的东西也是过，有什么不好，于是她答应了："那我就试一下吧。"

王彩兰加入公司后，第一年就上了分公司高峰会，而且从加入公司到现在一直都是公司“钻石”业务员。王彩兰还非常乐于助人，赢得了同事们的喜爱！现在她是如鱼得水，恐怕早就把当初的纸箱生意忘得一干二净了！

徐素是怎么招来的呢？有一天我去广州讲课，课后来自湛江的叶大姐过来，说她原来听过我的课，于是我们就聊了起来。最后我问她在深圳那边有没有朋友，她说对深圳不熟，不过上次她们参加旅行团的导游是深圳的，如果我需要的话可以把那个导游的电话给我。我说好，并请她先跟那位导游通个电话，先包装我一下，然后我再联系那位导游。回深圳后我就给徐素打电话，我说：“徐小姐，我是叶姐介绍的，平安保险的杨先生。你看你周三还是周四方便来我公司坐坐？”她说可以，很顺利，我想叶大姐一定跟她谈过了，并且对我有很好的包装。徐素来了以后，我就跟她分析，做导游跟做我们这一行的区别。我说做导游是种瓜得瓜，种豆得豆，做了就有收入，没做就没有，因为他们是靠提成。而保险是种果树，果树结果实后，每年都会开花结果。虽然前面两三年比较辛苦，但是维护好了，以后年年都结果子。我问徐素希不希望3年以后不再那么累了，而且收入是现在的2倍以上，她说当然愿意。不久徐素就进了平安公司，因为以前做导游，口才很好，后来成了部门优秀的主持人。而且她很勤奋，相信未来一定是个优秀的主管。

重视同事之间的转介绍非常重要。因为一般公司大的培训都在一起开课，所以每次培训大家一定要有意识地去寻找，互换资源。去了培训班，要主动跟来自各个地方的同事交换名片，问问对方有没有在你附近的朋友可以介绍给你，而你有他需要的人时也应该积极介绍给他。互换资源让资源变得有用了，不然很多资源可能就浪费了。其实机会就在我们身边，但我们往往把握不住。有句话说得好：这个世界不是缺少美，而是缺少发现。

2010年年底我去珠海参加一个高峰会，又增了一个人，叫左小春，是一个做安防的老总。开会休息的时候，我和几位大姐在一起聊天，有一个姓龙的大姐说她听过我的课，觉得我的课很实在。我就问她在哪个部门，有没有布吉的朋友，她说是深圳宝安19部的，她有一个客户在布吉附近的坂田，这两年生意不太好做，想做保险，但是去她们那里上班太远了，这位大姐非常热心，爽快地把那位老板的电话给了我。

第二天回深圳后我就给这个左先生打电话了，我开门见山地说我是龙姐介绍的，他说龙姐已经打电话告诉他了。我说，听说你现在的生意也不太好做，他说是。于是我说："我原来也和你一样做生意，现在改行做保险了，因为做保险业务没有做实体生意那么操心。你看能不能抽个时间，我们聊一聊？"但是约了两次他都没有来。于是第三次约他的时候我说："左先生，今天你一定要来，深圳1 000多万人口，我们通电话就是缘分，我觉得我跟江西人也是特别有缘。要不我去你那里，我们见个面，其实你做不做保险无所谓，但是在深圳这个地方，多个朋友多条路，认识一下，对你有好处，对我也有好处，也许以后我们有些业务也可以互相帮助。"听我这么说，他似乎不好再推辞，于是答应第二天上午来我这里。左小春来后，我用"小胜靠个人，中胜靠机会，大胜靠平台"的道理给他分析，然后介绍了平安的培训，平安的未来规划，讲完了以后他还很有兴趣。一个月以后他就顺利加入公司了。

下面再来讲优质的转介绍，就是客户的转介绍、缘故的转介绍。因为客户有购买力，本身就是最好的增员对象。中国保险皇后刘朝霞在2004年华人保险大会的演讲题目就是“21世纪客户是最好的增员对象”。同时，客户的转介绍一般都是最好的。物以类聚，人以群分。有购买力的客户的转介绍也必定有购买力，而有购买力的人进来，他的周围也都是有购买力的人，他来了就会成为“钻石”业务员。

案例八：让介绍人还人情

我招了一个人叫王伟兵，是我的大学校友。我是怎么给他打电话的？我说，王哥，今天晚上我要到你们小区做活动。他问那里是不是有我的客户，我说是，并打算顺便去他那里。他就叫我到时到家里坐坐。到他家以后我就问他，是不是看我有点憔悴。他说有一点，问我最近是不是压力比较大。我说是的，都睡不着觉了。他打趣说怎么升经理了还睡不着，听说你们升经理后都是吃香的喝辣的。我很认真地纠正说，不是这样的，升经理后的任务更重了。他就问我什么任务，我说：“现在公司招聘的压力很大，因为今年公司成立20周年，要大力发展人力，我今年的目标是招20个人。王哥，要请你帮忙啊！”他答应说有合适的人就给我介绍。我先谢谢他，接着又很认真地讲了一下我们的招聘条件，以及福利待遇。他听了后说，你们公司待遇不错啊。我说，那当然，所以你一定要帮我介绍。他说没问题。

讲到这里，我们一定要记住，中国人最容易答应别人，但是可能从来没有想过要兑现。这也是为什么很多时候我们转介绍没有效果的原因。因为他根本没有当回事儿，只是给你一个人情，更重要的是你自己也没有把它当回事儿，说过了就算完成任务了，有结果就是意外收获，没有也很正常。毛主席讲得很好，这个世界上怕就怕"认真"二字。你要达到目标，一定要认真。如果只是顺便说说，成就成，不成就算了，那十有八九成不了。所以我每次叫人做增员都是很认真的。第二个星期我就打他电话了，问他拜托的事情办得怎么样了，他在电话那头问是什么事（果然抛到九霄云外了），我说："王哥，你肯定记得，就是帮我招几个合适的人。""哦，记得记得，还没有找到合适的。"他回答说。

说到这里，沟通技巧很重要，因为他这样回答多半是根本没有做，而我们很多人会犯一个错误，可能会脱口而出："王哥，你肯定是忘记了。"这样讲会让对方很难堪，等于把路堵死了。这时候有一个很好的方法，就是假定成交。怎么讲？"王哥，真的感谢你，我知道你为我的事情也操了很多心，改天我买些水果来看你啊。"销售也好，增员也好，其实是一个跷跷板的游戏，你要想办法让客户欠你的，因为他承诺了却没有兑现，就是一笔未还的债；你说买水果过去看他，他会更觉得欠你的。所以他就会重视起来，不敢怠慢了。这时候我说第二周同一时间再给他电话，他有些无奈地说"好吧"。

第二周，为了加深他的印象，我特地给他发了一条手机短信："尊敬的王哥，我的压力很大，认识你这个大哥很高兴，感谢你这一个星期为我的事情操心，祝你家庭幸福，并致以最崇高的敬意！"发了短信后我再打电话过去，他就有反应了，有点无奈地告诉我人不好找，和几个人谈了一下，他们都觉得做保险很难。我就客气地对他说，不知道怎么感谢他，叫他不要太着急，慢慢找，相信以他的魅力肯定能帮我招到合适的人。我这番话实际上既是给他减压，又是加压，这是销售的心理学。然后我又如法炮制地说，下个星期同一时间我还给他电话。他没出声，于是我挂了电话。接着又给他发了短信：真的非常感谢王哥！一定要让他觉得欠你的，他欠你的越多，这个跷跷板越是不平衡，他就越会给你一个交代。

第三周，我再给他打电话的时候，出现了很戏剧的一幕。我说："王哥，我都不好意思给你打电话了，但是我的压力又很大，全靠王哥了。"他说："不好找啊，反正我也不是很忙，你看我怎么样？"我说："王哥你来肯定行了，你业务做得那么好。"因为他当时是消防器材的代理商。这样就把他自己给增进来了。

可惜的是，后来王伟兵的脑袋里面长了一个瘤，压迫了神经，眼睛看不到，做了一个手术，花了好几万块钱，保险公司也赔了钱。他病了以后，就没法到处去跑业务了，因为对身体不好。最后就离开了，非常可惜。

这个案例很经典，告诉我们只有你相信，只要你坚持，就会有所谓的奇迹，一切都有可能。我太太的增员70%都是她的客户，而且招来的人产能非常高，这样的人也不怎么要你带，因为招来就会成为一名"钻石"业务员。所以一定要记住，客户是最好的增员对象，而且客户的转介绍也是最好的转介绍。

案例九：缘故转介绍

缘故法的对象，第一个是客户，第二个是朋友。

我和时国钢是大学校友，但我们交往是通过互联网。我们是同一个年级的，我和他并不熟，但是因为我是校学生会主席，讲我的名字，同一届的学生都知道。其实我当时是想向时国钢推销保险，他当时做珠宝生意，而且有三个柜台，分别在岁宝、铜锣湾和新一佳，我想他应该很有钱。后来去他家和他一聊天，发现他其实也很困难。他还说前段时间有人要他去做保险，他也想过做保险。听他这么一说，我的思路马上转变了——从向他推销，跳到了增员。于是我说，那你就自己来做吧，就保险公司之间的比较，你觉得哪家公司更适合你？他说照你这样讲，还是平安保险公司好。这个案例给我们一个启示，就是缘故增员，一定要及时了解缘故的动态，如果对方最近生意不错，或者现在上班很好，老板对他也很好，可能短时间他就不会来。如果他生意出现一些变化，老板对他又不器重，这个时候就有机会增员他。

当然这里面也会有一些不成功的案例，但是人生没有失败，只是暂时还没成功。有人问爱迪生，发明灯泡失败了1万多次，为什么还不放弃。他说："我没有失败，我只是证明了这些材料不适合做灯丝。"回答得多么智慧。增员的人不来，只证明他和我没有缘分。你要寻找更多适合的人，就像寻找灯丝材料一样。

我想只要你掌握了随机增员、转介绍增员和缘故增员三大方法，一年内轻松招8个人就没有什么问题了。若你持续这么做，几年之后你就是一个大团队的领导，一个年薪100万以上的保险代理商了。

目标市场增员

对于目标市场增员，目前中国保险代理人普遍用得不多。我在读美国《寿险特许营业部经理》认证课程的时候，听一位叫做吉米的美国老师讲课，对我的触动特别大。

他说中国的营业部经理，根本就不懂市场。当时我们都不服气：你们美国人就懂吗？这个老师会讲中文，见我表示出不满，他就问我是不是不服气，我说我就是不服。于是他问我，布吉有多少人口，我说有100多万。他接着问：布吉有多少产业？每个产业的利税是多少？每个产业的就业人口是多少？布吉有多少所学校？其中中学有多少？小学、幼儿园又有多少？问了一连串，我一问三不知，被他问蒙了。他说，这就说明中国的市场正处在一个非常初级的阶段。在国外，有针对学校的福利政策来推保险的。学校里的福利政策是什么样的？它有什么局限性，有什么优点，有什么缺点，都要作详细调查和分析，优势、劣势、机会、威胁，都要作专门的市场研究。他们的数据做到什么程度？开个玩笑说，谁家的鸡下蛋都知道。即使你不是我的客户，我也知道你爸爸摔伤了，会有慰问。他们已经做到这么细了。在日本，他们的业务员不会乱跑，都是划分好的，比如按邮编划分人员，负责邮编518112区域的人就不能到邮编518115区域去，这就逼着你去研究客户。而中国的保险业务真的还不懂市场，还没有这些配套的东西，业务员是乱跑的，因为中国的竞争还没有到这个层次，目前还没必要作这样的市场调查，因为到哪儿都可以做业务。这是事实，比如我在龙岗区布吉做业务，也可以跑到近百里外的宝安区沙井去——如果不嫌远的话。而且不止我们一家公司这么做，可能很多公司都在这么做。吉米这么一说，我才恍然大悟，心悦诚服。

吉米老师对我说，你做目标市场增员很有前途。比如说你现在要在慢城社区招三名销售员，然后他们再去开发慢城社区的市场，这个慢城社区的保险市场慢慢地就被你占领了。在内地的一些大国有企业里招来两三个人，然后让他们回到企业去开拓，这样他们的业务就会做得非常好。北京有个姓吴的业务高手，是首钢集团的下岗工人，他就在首钢里面做业务。首钢几十万人，想想这个市场有多大！

目标市场是我们未来的一个研究方向。我最近在思考这个问题，我们真的要了解这个市场，然后把市场细分。比如深圳布吉的文化产业发展得不错，如果我们在文化产业里面能招一个人过来，他又能带动几个文化产业的人一起来做，市场就会慢慢打开。布吉还有珠宝园，有很多做珠宝玉石的，能不能从这里面找到一个人，专门来做这个市场？所以做市场其实很简单，我从社区来，回到社区去；从工厂来，回到工厂去。我们的艺术家搞创作还要深入生活，作品才能真实。所以从哪个市场来，回到哪个市场去，自然容易把这个市场做起来。

有一个真实的故事，说的是当年美国西部的淘金热，很多人都去淘金，有人挣到钱了，也有人没有挣到钱。有一个人挣的钱最多，但这些钱却不是淘金挣来的。本来他也是去淘金的，后来发现淘金的人太多了，钱也不好挣，于是他就向那些淘金的人卖水，反而发了大财。地产企业老大万科的董事长王石的成功也是如此。王石毕业于华中理工大学，他最早来深圳的时候，有很多同学在深圳养鸡、养鸭，因为当时深圳把鸡鸭供应给香港，他们一年能挣一百多万，这在当时可是巨款。但王石为什么更成功呢？因为他的想法和别人不一样。他想现在这么多养鸡养鸭的，我再跟他们一样，我也很难养过他们。于是他就卖饲料，给这些养鸡养鸭的提供玉米，结果第一年就挣了400多万。

如果我们能够说服这个目标市场的人来做保险，再去服务这个市场，他挣的钱可能比他原来在这个市场挣的钱还要多。我们有一个周经理，做得很成功，因为他的客户购买力很强。他的客户是干什么的？大概没有人能够猜到——收废品的老板。最初他通过一个客户认识了一位收废品的老板，现在他80%的业绩都来自这些收废品的老板。这个客户群很有意思，他去展业的时候基本不讲建议书，而是带电脑给客户看些小电影，因为这些老板大都没读过什么书。于是他就讲笑话，他的笑话也是提炼出来的，每次讲一些小段子，客户觉得这个阿周很有意思，于是纷纷跟他买保险。现在周经理一年收入100多万，就服务这一个目标市场。这个目标市场其实很大，但是大家都没有关注，更谈不上去研究了。我有个同事之前也是收废品的老板，后来我对他说，你收废品不如做保险挣钱，不如把收废品的朋友服务好，做成你的保险客户，你真的用心做就一定会成功。我们做目标市场的时候一定要用心研究并加大开拓力度。

还有一个很好的方法，就是招兼职助理。请专职的助理，大多数同事请不起，但是我们能不能跟做主顾开拓一样，与别人合作，你帮我介绍一个人，我给你多少钱。

找兼职助理有两个要求：第一，他有人脉；第二，他需要钱。这样的兼职哪些人比较适合？比如说小区里的保安就很适合，为什么？因为他对业主比较熟悉。通过他们我们能找到合适的人，比如知道哪一家的女主人是家庭主妇，没有事做。他介绍一个人进来可以给500块钱，他会十分乐意。所以保安、户管员、交通协管等都是很好的兼职助理对象，这些人收入不高，很想多赚钱，同时他们又有客户资源。我最近几年通过他们给我增员了三个人，做得还不错。所以要多聘几个兼职助理，因为增员成功才给他钱，这样做你也没什么压力。

第四部分

沟通技巧制胜

沟通技巧，就是说话的艺术。

要熟练掌握说话的技巧，就得针对不同的对象、不同的场合、不同的情况，说出最合适的话。沟通技巧对于增员非常重要，甚至是成败的关键。

对于增员的沟通技巧，我的理解是：第一，保险销售员说话应该都是训练有素的，他们甚至是语言的雕刻家；第二，不乱讲话就是沟通技巧，也就是讲话之前要三思，绝不能脱口而出；第三，沟通技巧一定要简单有力，不要拖拖拉拉，要直中要害；第四，沟通技巧不是用来说服对方，而是要站在对方的立场，和对方一起分析问题，进而帮助对方一起作决定；第五，沟通技巧的核心原则，就是要不断地动摇对方。是否掌握好沟通技巧将直接决定你增员的效果，因此每一位保险代理人都要认真学习并运用好沟通技巧。

第十三章
掌握通用沟通技巧

如果对沟通技巧还不够专业，那么有几个通用的沟通技巧可以用。第一个是收入分析术，第二个是上山下山比喻术，第三个是保险代理与传统行业的比较术。

收入分析术

对于保险营销，主要是做三个群体的收入分析：第一是打工者；第二是做生意的；第三就是做保险者自身。为了真实、形象地给对方进行分析，让对方信服，还要做一个收入分析图。

打工群体占人口的绝大多数。打工者的收入变化是一个缓慢上升的变化，比如说一个文员，刚开始可能拿一两千，慢慢地升到小主管，赚三四千；升到部门经理，赚五六千；可是到了经理，基本就到天花板了，无论关系、学历、背景如何，到了这个阶段可能再也上不去了。不但上不去，而且过段时间还会慢慢地开始往下滑，因为年龄等原因失去了竞争优势。到退休的时候，她的收入会快速下降。所以他的收入曲线是缓慢上升，然后平着走，最后掉下来。对于大多数打工者来说，基本上没有太大的上涨空间。所以，他的收入也不会高到哪里去。就像前面讲的，和做小生意的一样，打工也是手停口停，不工作就没饭吃了。

做生意的收入起伏是非常大的，因为他有时候赚钱，有时候亏钱。其实做生意真正赚到钱的并不多。我们作过统计，100个做生意的人，最后只有一个人的生意可以“活”下来，可能有90个人连生意是怎么“死”的都不知道。阿里巴巴的马云说得很形象：死的时候连声音都叫不出来。我们经常看到的是成功的生意人，而有太多失败的生意人做了垫背，被压在下面我们看不见。所以做生意的波动非常大，大多数人到最后的结果不是很好，因为生意的风险很大。

如今全球经济一体化，不但人民币升值对中国的生意有影响，美国的国债对中国的生意也有影响，甚至阿富汗打仗都有影响。还有同行业的竞争，特别是刚创业的时候，竞争对手可不会给你情面。马云还说过一句十分幽默又耐人寻味的话：今天很残酷，明天更残酷，后天很美好，但是大多数人会在明天晚上死去，见不到后天早上的太阳。创业就是这么一个经历。

再来看保险。做保险刚开始的时候，大多数情况下，在一年到一年半之内，收入线比打工还低，甚至要贴钱。但是一年半之后，收入线开始上扬，然后达到胶着状态，和打工的收入差不多。两年以后，基本上会超过打工的收入，以后一直会往上走。因为保险的收入是持续性的，有续佣在里面，所以他的收入一直往上走，最后会获得一个持续稳定的现金流。听过我讲收入分析图的人，80%都会来做保险。

我用这个图面试过很多人。我是怎么做的呢？我会把增员对象叫过来，给他分析，首先看我现在的收入，接下来看我一年前的收入，两年前的收入，三年前的收入……可以很清楚地看到一个持续上扬的曲线，这个曲线是很美妙的，自然能让人动心，不像打工的收入线有天花板，也不像生意的收入波动那么大，他可以经过3年的努力，获得持续增加的现金流。

这样的分析有一个好处，就是显得很真实。我们习惯用在招聘时展示工资单，你拿一个月的工资单（不管工资有十万八万，还是20万），别人感觉像是假的，是不是拿了一个假的工资单来忽悠我？他心理会有怀疑：有那么高吗？说实话我也不会相信，但是我们给他看了几年来收入的变化，就显得非常真实。所以这个收入分析图，要点是真正的财务自由，而不是目前的收入有多少，关键在于是否能够拥有一个持续不断的收入，也就是赚快钱还是赚长钱。保险是赚长钱，而且是赚稳定的钱，这个曲线图被广泛用在招聘当中。

保险公司收入的分析，大概分三个阶段，给准增员和销售员讲清楚是很有好处的。第一个阶段是多劳少得，一般是前3年，可能付出的多，得到的比较少；3～6年时，进入第二个阶段，多劳多得，就是付出的多，得到的也会多；一般6年以后就会进入第三个阶段，少劳多得，并且获得长期稳定的增长，比如在平安保险公司5年以后就有一个长期服务奖。所以我们把保险的历程形象地称为“三年泥泞路，三年石板路，三年青云路”。

分析完了我一般会问一个问题：这位先生，您愿意辛苦3年，还是愿意辛苦30年？打工可能是辛苦30年，而我们这个行业是辛苦3年，您选择。他自然会说我选择3年比较好。这是一个很好的通用沟通技巧。

上山下山比喻术

这个办法主要是针对白领，他们工作比较好，收入比较高，我们形容为“白骨精”，就是白领、骨干、精英。

这类人群在公司已经做到一定的职务了，可能再往上走没什么发展空间了。对他个人来说，已经爬到小山的山顶，他既觉得不甘心，又有些害怕——怕离开这个单位不能找到更好的工作。很多这样工作的人可能都是和老板一起打天下的，跟着老板的企业发展，一起水涨船高。如果离开这个企业或行业，他又很担心是不是有更好的前途。

跟这个群体的人沟通，一般我会说：这位先生，假设您现在在这个山的顶上，而对面有一座更高的山，您想不想爬上去？如果以您的实力爬得上去，您愿意去爬吗？因为爬得越高，所见的风景不一样，人生的境界也不一样。他当然会愿意。既然愿意，他会问：我怎么样才可以爬上去？当然要先下山，不可能飞过去啊。所以这个时候我就会讲，当人到了一个高点的时候，再向上没有路走了，但如果对面有高山，尽可能下山是人生真正的智慧。有舍才有得，这个时候要选择下山。你可能担心下山重新爬会不会很麻烦，其实不用担心，因为你的经验、知识、人脉在那里，你下山以后，上去的速度会很快，你和那些没有基础的人是不一样的。先下山是一种智慧，对此要画图来讲。这个道理很通俗，方法很形象，对方多半会接受。

保险和传统行业的比较术

我们经常说“工字不出头，出头就入土”，这是讲一般打工很难打出头，毕竟成为打工皇帝的人极少。当时打工能挣到1万块钱以上的人，在深圳也不是特别多，何况其他城市。现在就业主体其实大多数是进入城市的“三无”人员。一无高学历。现在硕士、博士多得很，还有很多“海龟”，像我这样的普通大学生，找工作根本没什么优势。可能很多人还没有上过大学，工作就更不好找了。二无经济基础。中国绝大多数家庭是农民或工人阶层，没有什么经济基础给你做本钱。三无背景（包括重要的人际关系）。没有人能给你很大的帮助。

对于没有高学历、没有经济基础、没有背景的“三无”人员，很难走到金字塔顶端。传统的行业是金字塔结构。一个传统企业的组织架构，一般可能是一个总经理，下面有三四个副总，然后可能有10个经理，下面可能有50个科长，接下来可能有500个员工。越往上走，位置越有限，竞争也越激烈。比如说我是经理，我想升副总，但是副总一共就四个，不太可能增加一个，因为增加一个高管，必定牵涉到非常微妙而复杂的权与利的变化，所以你得等副总有缺位，也就是哪个副总离职了，或者哪个副总调动了，你才有机会上去，当然，也可能老板另有人选，哪怕你的能力是最优秀的，最后升到那个位置上去的可能性依然很小。

所以在传统行业这种金字塔式的组织架构中，你很难获得一个理想的位置，因为位置是有限的。你的命运掌握在哪里？命运掌握在领导或老板的手里，掌握在上司的手里，这是多么无奈的事情。

而保险行业的代理模式是梯形结构，业务员最多，主任比经理多，经理比总监多，虽然越往上走人数越少，但上面永远是平的，没有限制。比如我现在是总监，我下面有经理，有主任，有销售员。销售员的升级取决于他的努力，只要根据公司的考核标准达标了，他就可以升主任，再达标了就升经理，再达标了就升总监，因为职位没有限制。2010年平安保险在深圳有140多位经理，有15位总监，2011年肯定有更多的总监产生。因为这样一个梯形结构，所以每个人都有机会。

也许你会说，创业比就业好，很多人认为创业是改变命运的唯一选择。但是创业也有一大困惑：中国的中小型民营企业的寿命只有2.7年，也就是说，大多数小公司存活不到3年就夭折了，而中大型企业的平均寿命也不过8年。在中国活过20年的企业少之又少，活过30年的更是凤毛麟角，所以创业是风险非常高的选择。

为什么开张一两年就倒闭的企业是最多的？因为舞台还没有搭好。工商、税务、招聘、人事、管理、销售等都要亲自去做，你的对手也不会等你，可能销售搞好了，管理出了问题，管理好了，销售又出了问题，最后这个舞台还没搭好，自己已经倒下去了。创业最大的风险就是资金风险，资金链一断裂就做不下去了。学习理财的人都知道，其实创业比投资股票的风险还高。我有一个客户，在深圳龙岗区开了一个店，装修下来花了100多万，没多久就亏50万转给了别人，结果那个人跟着亏，因为那里要修地铁。一着不慎，辛苦打工十多年的积蓄，一次就全亏光了。这就是传统创业的风险，你的眼光、你的经历、你的知识，都要够用才行，说明目前在中国创业真的是太难了。

当然创业也有很多成功的案例，特别是现在一些新的商业模式，比如比较成功的加盟店，加盟成功的概率非常高。这是为什么？加盟店的优势在哪里？我本人大学毕业后的第一份工作就是专门负责加盟店的。加盟店的优势，一个是总部统一策划，统一培训，统一配货，比如肯德基、麦当劳的柜台高度都是一样的，选什么样的砖都是统一的。以可乐为例，麦当劳、肯德基可乐的温度都保持4摄氏度。为什么要加冰？因为4摄氏度时口感最好，可乐打出来时4摄氏度，加了冰以后，能保证直到喝完，温度还是4摄氏度。你单独创业的时候要研究，而加盟就省了研究的步骤。它们的柜台为什么做90厘米高？因为他们专门研究过，发现柜台90厘米高是最合适的，大人拿东西最舒服，小孩也够得着，取餐速度也快。这些知识总部都无偿地教给加盟店。

加盟店虽然好，但可不是随便能做的。加盟上岛咖啡至少需要200万，而麦当劳、肯德基在深圳这样业绩好的城市，是不给你加盟的，全部是直营店。它们在内地做一个加盟店，需要400万到500万人民币，这种费用不是一般人做得起来的。而保险代理，按照我的理解就是一个加盟店，比如你是平安保险公司的一个代理商，不用你生产产品，不用你作采购，不用你管财务，不用你管税务，也不要你去做广告，你只管卖就好了。所以这种成功的概率，相比传统的创业要高很多。

保险其实可以说是一种新的创业模式。做保险代理的好处，可以用一句话来解释："小胜靠个人，中胜靠机会，大胜靠平台。"一个人小小的胜利靠努力就可以了，那里辛苦挣的快活钱。中胜就靠把握一个机会，我比别人早把握了机会，就可以赚到钱。大胜要靠平台，保险的平台很大，公司已经把舞台搭好了，你只管表演就好了。今天表演得不好，明天可以再来，这个月做不好，下个月可以再来，个人付出的代价没有那么大。所以保险代理的创业模式就是零风险创业模式，做保险就是为自己搭一个创业的舞台。这个概念非常重要，要让对方明白这一点，你的沟通技巧就成功了。

第十四章
与家庭主妇的沟通技巧

家庭主妇是保险公司的一个主要增员群体。有人曾经说过，最好的增员对象，第一是家庭主妇，第二是小生意人。当然一个团队需要来自各个渠道的人，优秀的团队可以吸引优秀的人，也能够培养好各个行业来的伙伴。

根据我多年的经验，家庭主妇大概可以分成两种：第一种是纯粹的家庭主妇，也就是婚后很长时间基本没有正式工作过，主要是操持家务，带孩子；第二种是阶段性的家庭主妇，之前是上班族，甚至可能做得很优秀，但后来结婚生小孩，在家里待了一段时间。纯粹的家庭主妇来做保险失败的概率非常大，因为她没有接受过公司的训练，也基本没有做过工作，与社会接触有限，所以来到保险公司，觉得压力很大。

阶段性的家庭主妇来到保险以后，一般都非常珍惜这个工作机会。因为家庭主妇年龄越大，特别是有了孩子以后，找工作比较难。在传统职场中，主妇找工作有几个劣势：一是因为在家里待了几年，技能生疏了，比如说原来做文员秘书，做质量检验等，停了几年以后，肯定会出现技能老化或下降，再去找工作和年轻的女孩子竞争，往往处于劣势；二是有了家庭，对工资的要求可能比没有成家的女孩相对高一些；三是家庭主妇要兼顾到家庭，不能找离家太远的工作，太远了没办法照顾小孩，何况很多工作一般都是要加班的，很难照顾孩子。所以保险这份工作很适合家庭主妇。虽然保险公司也要上班，也有纪律，但是弹性比较大，可以回家做饭，接小孩。

在日本，很多保险公司都没有男性外勤，全部是女性销售员，而且是家庭主妇为主。为什么？因为女性做保险有几个好处。一是女性比较有耐性，保险营销需要长期跟踪，所以要有很好的耐性。二是女性比较有亲和力，这个道理就不用讲了，大家都知道。三是，家庭条件比较好的家庭主妇，她们的老公一般都有很好的市场，她原来的客户、同学、朋友等也都是很好的市场。还有第四个好处，就是家庭主妇一般没有太大的经济压力，因为她老公是家庭的主要经济来源，她短时间不挣钱对家庭影响不大。这也是保险行业里男人流失率比较高的重要原因，因为男人是家庭的支柱，他不挣钱，家里就揭不开锅了。所以保险这个工作，特别适合这种曾经有工作、现在做了家庭主妇的人来做。对她个人也好，对团队也非常好，因为她们来了一般会比较稳定，可以培养，能够出业绩。

那么对于家庭主妇，我们怎么跟她谈保险呢？切入的要点有几个：第一是家庭地位，第二是子女教育，第三是对婚姻的维护，第四是自我价值的实现。

谈家庭地位

我们在学政治经济学的时候都知道一句话：经济决定政治，就是经济基础决定上层建筑。一个人的经济地位决定了她在家里的地位，一个女人能够挣到钱，她的老公以及公婆就不会看不起她。如果什么事情都找老公要钱，她在家里的地位就比较低。即使她能够挣到钱，因为为家庭作出牺牲而没有工作，时间长了也难免会给人口实。这一点，很多家庭主妇都体会过。

我们团队有一位张大姐，就是很典型的例子。张大姐的老公是潮汕人，是做房地产的，家里非常有钱。张大姐也是一名大学生，毕业后在医院上班，结婚以后生了两个孩子（潮汕人都比较讲究多子多福，两个孩子算是少的了），张大姐为了带孩子就一直做家庭主妇。有一次，快过年了，她就跟老公讲，要过年了，给她父母寄点钱吧。那天可能她老公心情不太好，说五六千块钱，你以为那么好挣吗？你们家里一年都挣不到五六千块钱。她当时就觉得自尊心受到了很大的伤害。她想自己一定要挣钱，但是又有两个小孩拖累，没法工作。后来张大姐碰到一个保险销售员，就主动要求做保险，做得很成功。三十年河东，三十年河西。两三年以后，她老公生意不太好，而她那时候保险已经做起来了，一个月挣几万块钱。于是出现了很戏剧性的一幕——老公也跟着她去做保险。

所以，对于家庭主妇来说，家庭地位非常重要，要让她们明白，通过自己的努力可以改变自己的家庭地位。

谈子女教育

中国的父母有一个特点，往往关心子女胜过关心自己。我面试过很多家庭主妇，经常聊到子女教育，因为这是妈妈最关心也最乐意谈的，她们基本不会拒绝这个话题，所以也最容易缩短彼此交谈的距离和和解除戒心。我一般会和她们谈到两个观点。

第一个，我跟她们讲，对小孩最重要的，不是你天天陪着他，或者天天给他弄好吃的，而是把小孩教育好。你有没有问过你的孩子，他的偶像是谁？多数孩子会说我的偶像是我爸。因为妈妈天天陪他在一起，偶像当然不是妈妈。孩子觉得爸爸在外面挣钱，爸爸很风光，所以会以爸爸为偶像。如果不信你可以回去问问看。

第二个，教育孩子要找到好的方法，如果你出来工作，会接触到很多优秀的人，会提升你的能力，丰富你的学识，也会找到一些教育孩子的更好的方法，所以妈妈有工作对子女教育也是有利的。更关键的一点是，言传不如身教，你自己有工作，能够自立，对你孩子是一个很大的影响，他会觉得我的妈妈很优秀，我的妈妈又照顾我们，同时还出去工作，对外面的世界也很了解，很有知识。比如孩子问一些最近网上流传的新鲜东西，如果你不懂，孩子可能就不想跟你谈话了，觉得我妈妈在家里就会做饭，啥都不懂。所以我觉得家庭主妇出来工作对子女教育也是比较有利的。这么说，家庭主妇当然都会认同。

谈婚姻维护

女性有工作，对维护自己的婚姻当然是有好处的。两个人结婚，他们在学历、家庭背景、家庭条件等方面不能相差太远。但是为什么后来很多人又会离婚呢？很大的一个原因就是两个人的距离慢慢拉大了。

这个距离是什么时候拉大的呢？根据我的分析，主要就是在女性生小孩的那段时间，因为从怀孩子到生孩子，然后到孩子3岁之前，妻子几乎把全部心思都用在了孩子身上。这样就和社会脱节了，问题就出来了。

一个女人一般都是二十六七岁结婚，等孩子长到3岁，自己也就30来岁了。而这几年恰好是男人事业的上升期，可能慢慢成为公司的骨干，或者成为一个管理干部，他的应酬也越来越多，在外面接触的层面越来越高，视野越来越开阔，原来你们刚谈恋爱的时候有很多话题，现在可能聊不到一起了。要是他讲的东西你不懂，你讲的东西他也不感兴趣，他会觉得跟你没有什么共同语言了。他可能会到外面找跟他有共同语言的人，这个时候家庭就会有问题，婚姻危机就出现了。

但是如果主妇家庭来做保险，视野开阔了，接触的人多了，而且大多数是高收入有学识的人，可能比你老公懂得更多，你和老公聊天就有话题了，甚至你对你老公升职方面还有帮助。因为两个人在一起往前跑，所以婚姻就越来越稳固。

谈自我价值

如果一个女性在她的一生中找到一片属于自己的舞台，这样到老的时候，她的一生就很充实，很满足。

保险就是一个很好的舞台，而且事实证明，保险这个行业特别适合女性做。甚至可以说，很少有哪个行业能够像保险这样成就女性。在一般的行业里，女性都有竞争劣势，大多数女性明显处于从属地位。而保险却恰恰成就了女性，许多从其他行业下岗的被淘汰的女性，在保险公司不但找到了位置，最后还成了精英，这样的例子比比皆是。在保险公司，差不多九成的优秀销售员都是女性。你可以展示女性保险精英的一些照片，比如出去旅游、参加高峰会以及获奖的照片给她看。我就准备给部门做一本画册，让销售员拿出去做增员的工具，专门给准增员看。这个方法很容易打动她们。

第十五章
增员老板及其家人的沟通技巧

无论与哪个群体沟通，最重要的一个原则就是一定要找到对方最关心的话题，并且提出你的见解，一旦对方认同你的观点，就好办了。这点对增员老板或者老板的子女很管用，因为老板一般做事比较果断，有相当的判断力。只要你的沟通技巧到位，成功的概率很高。

增员老板，谈企业发展与个人成长

老板关心的就是他企业的发展，企业发展的关键，第一是营销，就是市场开拓，第二个就是公司的管理。所以你跟他聊生意，他肯定会有兴趣。我招吕哥的时候，当时他是老板，面试的时候我说平安保险公司是最好的工商管理硕士班，你们在外面花钱去上这个班那个班，而平安保险公司是中国最优秀的企业之一，你进来后可以学平安保险公司是怎么做营销的，是怎么做管理的，是怎么做企业文化的。作为一个老板，只要认真去学，可能比你在高层工商管理硕士班收获还要大，可以说平安保险公司就是最好的大学。而且只要早上过来学习一下，你将长期受益，而且你还可以照样做你的生意。吕哥很快就被我说动了，后来生意和保险都做得很好。

我们有个经理，招了好几个大老板，都是几千万身家的，其中还有一个有上亿的资产，宝马、奔驰都有好几部，有几栋厂房出租，照样来做保险。所以增员老板，你可以讲保险公司是最好的大学，不用花钱，可以学到实实在在的东西，或者说叫他太太来学管理也可以，这对他们的公司有帮助，这样他们都比较乐意接受。明白了这一点，我们就敢于增员这种高端的客户。这样的人来做保险，一个星期花两个小时做业务，比普通销售员花40个小时做的业务可能还要多。而且我发现，越是成功的企业老板，越讲规矩，他们很重视荣誉，早上来开会都很自觉准时。最重要的是他们对业务队伍的改变有很大影响，示范效益可能远远大于其本身的业绩，这么有钱的老板都做保险，小老板们还有什么好说的？我这位同事能晋升经理，就是因为他增员了几个大老板。

增员老板的孩子，谈磨炼

深圳是一个移民城市，当地人家庭条件都比较富足，所以我跟当地人沟通主要有观念，就是谈“身在福中不吃苦，将来一定吃苦头。”因为孩子从小就娇生惯养，通过做保险可以对他进行磨炼，并培养吃苦的精神，有利于全面提升孩子的综合能力。

我看过一本书，讲美国石油大王洛克菲勒家族的孩子，大学毕业以后必须去做3年的保险，而且要去离父母亲远一点的城市，不能借助父母的资源，真正靠自己的能力去开拓业务。做了3年保险后才可以回到家族，然后给你一个管理岗位，慢慢做，这是对孩子很好的一个训练。所以洛克菲勒家庭打破了“富不过三代”的魔咒，富三代、富四代都没有纨绔子弟的习气，这自然与做保险的磨炼有关。增员老板的孩子时，你要告诉家长，保险好在哪里。因为做保险可以接触各个方面的人，有律师，有医生，有企业家等，和这些人打交道，会加深孩子对这个社会的了解。所以我觉得在保险行业锻炼一两年，胜过在其他行业工作五六年。

我们用这个观点增员了刘霞。刘霞爸爸是潮州人，有几千万身家，刘霞自己包了一个海鲜档，还开了酒店。我和刘霞的爸爸谈增员的时候，他说刘霞从小娇生惯养，脾气大，还开玩笑说：“到时候嫁人，人家都不敢要，小姐脾气太重了。”我跟他沟通后，他很支持孩子来做保险，说一定要让她做两三年，不管做得好不好，因为这两三年对孩子的综合素质会有一个全面提升。

还有陈中，他家里条件也非常好。我和他爸爸谈的时候说，现在你们作为父母，还年富力强能做事，而孩子不好管，不如把他送出来锻炼一下，这个“保险大学”比孩子在校读大学更有用，因为保险是实实在在的社会大学。他爸爸很认可这个观念，就把陈中送来做保险。结果陈中做得非常好，第一年就上了高峰会，然后又成了“钻石”业务员。只是后来他父母亲都有病，他是家里老大，所以就来得少了，但还是坚持每天来开早会。

第十六章
几种特定的沟通技巧

下面有几个特定的增员沟通技巧，大家可以试一试，非常管用。

视力与眼光

开始来做的时候，可能很多人会打击你，说这个行业不怎么样，但是我们一定要看得比别人远，这说明你有眼光，而眼光往往决定财富。

黄金与钻石

很多人都已经有了工作，或者有一个小生意在做，但他的工作或生意却是要死不活的，就像一块鸡肋，让他们很犹豫不决。我就给他们打比喻：假如你现在手里有一块黄金，而对面有一颗南非钻石——W级的钻石，请问你会怎么办？如果不能二者兼得，最好的方式就是把黄金丢掉，马上抓住这颗钻石。我觉得一个人要学会舍，才有得。

容易与困难

很多人做保险觉得很困难，我就经常跟他们讲一个观点：你说困难的事情有价值，还是容易做的事情有价值？扫地很容易，扫地的阿姨有没有可能一个月挣5 000元钱？不可能，因为扫地这件事容易做，只要用心，人人都可以把地扫好，所以这种工作没有很高的价值。而难做的事，就是因为难做，把那些畏难的人吓跑了，你坚持做就有价值。如果一件事情太过难做也没有意义，因为那样的话没有人去做了。如果一个行业前两三年很难，后面很容易，又能赚到大钱，你说怎么样？一般人都会说可以。这时你可以告诉他，保险就是这样的行业。

实物与梦想

这种方法一般都是针对一些年轻的、比较上进的人。我碰到那种年轻又有想法的人，就会带他去看一些具体的东西。有一次我跟小曹说：你看到路上跑的是什么？他回答说：小汽车。我说：你想不想拥有一辆自己的小汽车？他说想。我说：那你目前这个工作，5年之内能不能解决这个问题？他说解决不了。我说：如果有一个工作，经过5年努力可以解决这个问题，只要辛苦一点，努力一点，你愿意干吗？他说愿意。我说保险就可以。然后又说到房子，现在大城市买房子很难，你能不能通过你的努力，三五年之内买得起房子了？他说10年都搞不定。如果一个行业经过5年努力可以让你买得起房子，你愿意不愿意？他说愿意。特别是增员男孩时，我经常讲女孩子是追不到的，而是吸引过来的，你不优秀，你追她她跑得更快，躲着你啊。这么说他们自然就动心了。

掌握这些沟通技巧非常重要，无论是销售还是增员，其实最后都是靠说话一锤定音的。

第五部分

如何对待拒绝

拒绝是销售活动中几乎每天都会遇到的事情，所以保险代理必须学会正确看待和应对拒绝。对待拒绝的心态很重要，只有真正理解和接纳拒绝，才能很好地处理和应对拒绝，从而到达成功的彼岸。

第十七章
如何看待拒绝

第一，没有拒绝就没有销售

销售本身就是和拒绝打交道的行业。销售员选择了销售这个行业，就要知道没有拒绝就没有销售。因此可以说拒绝和成交是一个硬币的正反面，你解决了客户的拒绝，就会成交。

第二，挑货的人才是买货的人

业务员最怕什么？就怕没有拒绝，他不理你，那说明没有需求，你就麻烦了。

第三，认识每一次拒绝的价值

销售是一个概率法则，特别是新进的销售员，一定要非常勤奋，要激励自己，要加大拜访量。

有一个培训公司做了一个实验：假设打一个电话就给你10块钱，结果打到中午12点，业务员都不愿意下班，因为打一个电话就有10块钱。事实上，打一个电话的价值可能有40块钱，我们要看到每一次拒绝的价值。例如，假设我打50个电话，能约到10个人见面，最后可能有一个客户成交。如果这个成交的单佣金有2 000块钱，我们算算每打一通电话的价值——每一通电话的价值就是40块钱！

在美国的一些企业里，销售训练的时候有一个扑克牌游戏很有启发。这个游戏是：一副扑克牌里只有大鬼和小鬼是客户，然后把牌洗一遍，让业务员去抓，抓到其他牌就扔掉，直至抓到大鬼、小鬼为止。可能你才抓到第三张就是大鬼了，这个时候往往这个业务员就很有信心。但是有些人运气不好，可能抓了大半副牌都没有抓到大小鬼，这个时候业务员就失去信心了，但事实上这54张牌里一定是有大鬼和小鬼的。

拜访量大了，就不用担心，一定会找到适合你的客户，所以每次拒绝都有价值。

第四，拒绝是最好的老师

一个优秀的销售员受到的拒绝多，还是失败的销售员受到的拒绝多？一定是优秀的销售员受到的拒绝多。

假设有两名销售员，其中一个今天在家里没有出去，因为今天心情不太好，或者身体不舒服，所以一个客户都没见，当然也就没有拒绝。而另一个今天出去见了10个客户，其中被8个拒绝，还有一个居然放狗咬他，但是有一个是有价值的。请问谁的收获大？肯定是见客户的销售员收获大。这就好比打篮球，你投不进去的球多，还是姚明投不进去的球多？一定是姚明投不进去的更多，因为他投得多，你投得少。但是你成功，还是姚明成功？

所以最好的老师是市场，是客户，是拒绝。拒绝可以让一个人成长，所有优秀的业务员都是在拒绝中成长的。没有拒绝就没有销售，拒绝是有价值的。所以我们一定要用积极正面的态度对待拒绝，才能拥抱成功！

第十八章
如何应对拒绝

面对客户拒绝要如何处理？我们要找到一个一般性的规律，处理拒绝是有方法和公式的。

“认同＋赞美＋提问”公式

直接说服一个人是很难的，所以不管客户拒绝什么，你首先都要认同，和客户站在同一个立场上，表示认同他的看法后，接着问他除此之外，还有没有其他的原因，然后再陈述你的理由，最后以提问结束。这种办法非常有用。

举个例子，客户说我要和我老婆商量一下。你可以回答：非常理解，这是当然的。然后接着问：除了要和你太太商量之外，还有没有其他的原因？问了这个问题之后，一般就可以分清楚对方是真拒绝还是假拒绝了。很多时候客户的第一个拒绝，往往是出于爱面子等原因，可能是假拒绝，而真实的想法他不便说出来。他可能回答说，我最近资金比较紧，因为最近公司花的钱比较多。实际上可能没有钱才是真实的拒绝，前面那个要和老婆商量一下是假拒绝。

接下来你要陈述一个理由，让他回答：一个人在没钱的时候得了病可怕，还是有钱的时候得了病可怕？一定是没有钱的时候。所以可以接着问：你说是生意好的时候发生什么事情可怕，还是在不顺的时候发生什么事情可怕？回答肯定是不顺的时候更可怕。最后一定以提问结束，让他自己来得出结论。

以提问结束的好处是什么？你提问题，就像放风筝一样，线是拿在你手里，你永远都掌握销售的控制权。如果你老是被客户提问就麻烦了，因为你成了他手里的风筝，被他控制了。为什么很多销售员在销售中处于被动？就是因为老是被客户提问，而这些问题你又只回答“好”，所以客户不相信，不放心，结果可想而知。所以销售也好，增员也好，一定要善用提问技巧，始终控制主动权。

再举个例子。如果客户说我要考虑考虑，或者说我考虑考虑，过了年以后再说。我们还是用这个公式：我理解，你的想法我也很认同，买保险是一个长远的事情。但是我想问一下，除了考虑到明年买以外，还有没有其他的原因让你暂时不购买这份保险？他可能说没有别的原因了，就是这个原因。接下来要把这个问题解决掉，怎么解决？接着问：我想问一下，您为什么要到明年才买这个保险？他说还是担心意外和疾病。“那我想问一下，现在如果你家里突然少了五六千块钱，对你们的生活有没有什么影响？”一般来讲，他会说也没有什么影响，接下来就跟他分析，现在买跟以后买的区别，既然这个钱对你现在没有影响，那你现在到明年这几个月里有没有风险的存在？给他分析一下，他会觉得你讲得很有道理，同时你再加一些利诱法，比如好日子促成法，最后很可能这个单会成交。

很多拒绝的处理都可以往这个公式里面套：认同+赞美+除了……之外，还有没有其他原因+陈述事实+反问。

"正是……才"公式

经常会有客户说，我现在很年轻，所以暂时不考虑保险。你可以说，正是因为你年轻，才需要买保险，因为年轻的时候，你交的费率低，保障时间长，花的成本又少。我们每个人都会变老，而且年轻的时候喜欢花钱，保险可以帮助你省钱，让你年轻的时候就养成一个好的习惯。

而年长者通常会说，我现在年纪这么大了，还要买什么保险。这时我们要告诉他，正是因为你年纪大，才需要买保险。因为人体就像一部机器，运转了这么多年，零部件都老化了。你现在年龄大了，接下来的风险越来越大。40岁以后身体年年不一样，50岁以后身体月月不一样，60岁以后身体日日不一样，所以这个时候非常需要考虑买保险。再比如，客户说我没有钱，所以我不买保险。你可以说，没有钱才需要买保险，如果你现在随时可以拿一两百万出来，买不买保险没有关系，因为如果生个病拿五六十万出来没问题。但是现在可能拿10万块钱都很困难，所以更需要买保险，因为保险可以增值。假如客户说，我有钱，我不需要保险，我们可以说，正是因为你有钱，所以你更需要保护。你看为什么一条打鱼的渔船不要救生圈，而大船需要救生艇？因为船越大越需要保护，你的生意就值这么多钱，所以更需要保障，越是有钱的人，越需要保障。

这就是“正是……才”的拒绝处理法，是通用的制胜沟通技巧。

反问法

假如客户说我现在年轻不需要保险，我们可以反问他：那么你觉得什么样的人需要保险？他就一定会说年纪大的才需要。“那么请问一下，10年以后你是不是也会年纪变大，20年以后是不是也会变老？”我们碰到很多这样的情况。

还有的人说我要给我爸爸妈妈买份保险，对这个情况用反问法处理是最好的。“请问一下，你为什么要给你爸爸妈妈买保险？”他可能说，我爸爸妈妈年纪大了，我担心他们万一生病。你要告诉他，你爸爸妈妈这个年龄已经买不了保险了，接着反问：“先生，再过20年，你是不是和你爸爸妈妈一样的年龄？到时候是不是你的儿女也会很担心？你的父母亲已经错过了买保险的最佳机会，你真的不能再错过了，因为我们不能成为子女的负担，你说对吗？”最后一定也要以问号结束，这就是用反问的方式。

上次碰到一个客户，说自己是单亲家庭，不需要买保险。我就说，你觉得什么样的人应该买？她说，至少家庭健全的，他们才需要买保险，我一个人，到时候小孩大一点，我找个老公嫁出去就算了。我说别人家里是两根柱子，倒了一根还有一根，你们家就一根，你倒了怎么办？她思考了这个问题之后，给自己买了保险。

根据我的经验，前面讲的三种方法基本上可以处理80%的拒绝。

激将法

用激将法，即可以通过朋友之间抬杠的方法把保单做大。比如有些客户，他本身不想买，你可以说老李都买了，不过老李说你肯定不会买的，因为你做事比较保守。客户会说，谁说我不能买？他能买我就不能买？

关于拒绝处理，我想补充的一点就是，其实80%的拒绝都是销售员自己造成的。

我举一个例子，比如我跟同事讲：老李，向你借200块钱，我今天出门没带钱，好像车没油了，你借不借？你肯定会借给我。但是如果我说最近房子装修，还差20万，帮我想点办法。他肯定会说他也拿不出来，就是他很有钱，他也不会马上答应我，只会说现在手上没有，他要问问他老婆，看看她那边有没有钱等，他会找一个很冠冕堂皇的理由拒绝我。第一次为什么不拒绝？原因很简单，第一，我们是同事；第二，我借的钱是他能够承受的；第三，他觉得200块钱肯定会还给他。

所以在合适的时间，找对了合适的人，讲了合适的话，就不会被拒绝。假设你在马路边碰到一个女孩子，对她说：“美女你好，打扰一下，我忘记带钱加油了，你能不能借我200块钱，我到时候把钱寄给你，可以吗？”她不但不会借，还会骂你神经病。因为你找了不合适的人，说了不合适的话。为什么我借20万就借不了？第一，他可能真的没有那么钱；第二，即使有这么多钱，数目这么大，也要和老婆商量一下；第三，借给我这么多，我什么时候能还给他？他一定会思考我的还钱能力，会考虑到可能有风险。所以，所谓拒绝，就是在不合适的时间找了不合适的人，说了不合适的话，就会产生拒绝。

销售有三性——人性、悟性和韧性，销售员一定要懂得并掌握。

以前只说两性：第一是人性，销售人员最重要的是要懂人性；第二是悟性，销售人员要有悟性。但是专家发现悟性是很难把握的。这个人有没有悟性？不知道，看不出来。所以后来又加了一个“韧性”，就是做事情能坚持，能用心去做。一个业务员有人性、有韧性，慢慢就会有悟性，因为悟性很多情况下是慢慢琢磨出来的。当你成为一个有悟性的销售人员时，业务就很好做了，因为有悟性，就能把握好度。有句话说过犹不及，这个事情做得不够，或者做过头了，都是错误的。所以要想办法研究如何减少拒绝。

刚才讲80%的拒绝是销售员自身造成的，这其中另外有80%的拒绝是业务员搞错了销售流程，走过去直接讲产品，讲我们什么产品要停售了，或者直接讲观念，都是不合适的。

销售流程是一个倒三角形，首先要推销自己，然后推销观念，再推销公司，最后推销产品。前面的接触花的时间要多，中间建议时间少一点，促成时间是最少的。但是很多销售人员把流程搞反了，促成的时间最多，这样拒绝也会很多，弄得这个销售人员就没信心了，到处碰壁，最后因为拒绝而失败了。

所以，我们除了要正确认识拒绝，更重要的是要研究一下，如何减少拒绝，所以销售人员要苦练基本功，把销售的流程搞好，把自己的综合素质提高，利用自己的专业知识和服务态度来做好保险，以后拒绝就会越来越少，做业务会越来越轻松，最后会获得在这个行业的巨大成功。

跟刘彦斌学理财

《做最聪明的投资者》

ISBN 978-7-5086-3079-3
定价：30.00元

股票、基金、黄金、房地产，怎样投资才能获得最大收益？

理财专家教你选择最适合自己的投资方式，在通胀时代轻松获利！

《人人都该买保险（升级版）》

ISBN 978-7-5086-4113-3
定价：32.00元

保险是家庭理财和幸福生活的最主要的保障手段。
理财，必须买保险！

著名理财专家刘彦斌教你明明白白买保险，
为你的家庭幸福和生活安康保驾护航！

《上班赚钱，下班理财》

ISBN 978-7-5086-2758-8
定价：32.00元

每月一点固定的薪水，还要**买房**，**成家**，**育儿**，**养老**，
在物价步步上涨的时代，**怎样才能保证衣食无忧**？
没有高薪不用急，
上班为钱工作，下班让钱为你工作，
你也能拥有百万身家！